Einleger zu
Internationale Steuerfüh
Selling, Handbuch des sp
Ergänzungsband: Komme

1988 · ISBN 3-482-**60431**-2

Tz. 8

Der Veräußerungspreis ist bei Reinvestition innerhalb von 2 Jahren ab 1988 steuerfrei, wenn er 30 Mio. übersteigt.

Tz. 9

Die Höchstbetragsregelung von 46 % ist ab 1988 weggefallen.

Tz. 10

Es sind zwischenzeitlich folgende Änderungen der Steuersätze zu verzeichnen:
Kapitalertragsteuer: 20 %,
Quellensteuer auf Einkünfte von Freiberuflern: 10 %
Aufsichtsratsteuer: 25 %

Tz. 12

Die Steuersätze betragen nunmehr: 20 % (bei der KSt: 35 %), 14 %, 10 %

Tz. 18, 19

Das freie Steuerfestsetzungsrecht ist als verfassungswidrig verworfen worden. Es verbleibt bei den Steuersätzen 10 % bzw. 20 %. Diese Steuersätze können ab 1988 von Gemeinden mit bestimmten Einwohnerzahlen zwischen 30 % und 40 % erhöht und bei Anwendung revidierter Katasterwerte um 50 % reduziert werden.

Tz. 186

Zwischenzeitlich hat Spanien mit Real Decreto vom 11. 9. 1987 (B. O. R. vom 29. 10. 1987) die EG-Richtlinien 77/799/CEE und 79/1070/CEE über den steuerlichen Auskunftsverkehr umgesetzt. Das Real Decreto entspricht im wesentlichen dem Inhalt des deutschen EG-Amtshilfegesetzes. Hervorzuheben ist hier, daß die Informationen, die der spanischen Steuerverwaltung übersandt werden, auch für devisenrechtliche Zwecke verwendet werden können („. . . podrán ser revelados para la denuncia o persecuciòn de delitos de contrabando o contra la Hacienda Publica“).

Verlag Neue Wirtschafts-Briefe · Herne/Berlin

Selling · Kommentar zum DBA-Spanien

Internationale Steuerführer

Handbuch des spanischen Steuerrechts

Ergänzungsband: Kommentar zum DBA-Spanien

Von
Regierungsdirektor Dr. Heinz-Jürgen Selling

Verlag edition für internationale Wirtschaft · Frankfurt
Verlag Neue Wirtschafts-Briefe GmbH · Herne / Berlin

CIP-Kurztitelaufnahme der Deutschen Bibliothek

Selling, Heinz-Jürgen:

Handbuch des spanischen Steuerrechts / von Heinz-Jürgen Selling. — Frankfurt (Main) : Verlag Edition für Internat. Wirtschaft ; Herne ; Berlin : Verlag Neue Wirtschafts-Briefe
(Internationaler Steuerführer)

Erg.-Bd. Selling, Heinz-Jürgen: Kommentar zum DBA Spanien. — 1986

Selling, Heinz-Jürgen:

Kommentar zum DBA Spanien / von Heinz-Jürgen Selling. — Frankfurt (Main) : Verlag Edition für Internat. Wirtschaft ; Herne ; Berlin : Verlag Neue Wirtschafts-Briefe 1986.
(Handbuch des spanischen Steuerrechts / von Heinz-Jürgen Selling; Erg.-Bd.) (Internationale Steuerführer)
ISBN 3-921326-12-5 (Verl. Ed. für Internat. Wirtschaft);
ISBN 3-482-60431-2 (Verl. Neue Wirtschafts-Briefe)

1986 — ISBN 3-921-**32612**-5
1986 — ISBN 3-482-**60431**-2

Druck: Druckerei Loibl, Neuburg a. d. Donau

Vorwort

Die Kommentierung des DBA-Spanien knüpft an die Darstellung des spanischen Steuerrechtes an. Für den deutschen Investor in Spanien braucht die Bedeutung eines Abkommens, das die Doppelbelastungen durch zwei nationale Steuerrechtsordnungen ausgleicht, nicht mehr hervorgehoben werden.

Da sich in Spanien eine Fachdisziplin „Internationales Steuerrecht" noch nicht entwickelt hat, bezieht man sich dort im wesentlichen auf den OECD-Kommentar. Das bietet sich auch bei einem Abkommen an, das dem OECD-Musterabkommen entspricht. Andererseits verweist das DBA-Spanien an vielen Stellen auf das jeweils andere Recht bzw. Steuerrecht des Vertragsstaates, so daß es naheliegt, eine Kommentierung aus der Sicht des deutschen Steuerpflichtigen zu beginnen, die auf die rechtlichen Verhältnisse beider Vertragsstaaten zugeschnitten ist.

Bonn, im September 1985 Der Verfasser

Inhaltsübersicht

Seite

Vorwort 5
Abkürzungsverzeichnis 11
Literaturverzeichnis 12

Einleitung 13

1. Persönlicher Geltungsbereich
Art. 1 DBA-Spanien (Text) 14

2. Sachlicher Geltungsbereich
Art. 2 DBA-Spanien 14
Erläuterungen 15

3. Begriffsbestimmungen
Art. 3 DBA-Spanien (Text) 24
Erläuterungen 25

4. Wohnsitzbegriff
Art. 4 DBA-Spanien (Text) 27
Erläuterungen 28

5. Begriff der Betriebstätte
Art. 5 DBA-Spanien (Text) 32
Art. 23 DBA-Spanien (Text — auszugsweise) 34
Erläuterungen 34

6. Einkünfte aus unbeweglichem Vermögen
Art. 6 DBA-Spanien (Text) 37
Art. 23 DBA-Spanien (Text — auszugsweise) 38
Erläuterungen 38

7. Einkünfte aus Gewerbebetrieb
Art. 7 DBA-Spanien (Text) 40
Art. 23 DBA-Spanien (Text — auszugsweise) 41
Erläuterungen 41

Seite

8. Gewinne aus Seeschiffahrt und Luftfahrt

Art. 8 DBA-Spanien (Text) 46
Art. 3 DBA-Spanien (Text — auszugsweise) 46
Erläuterungen 46

9. Verbundenes Unternehmen

Art. 9 DBA-Spanien (Text) 47
Erläuterungen 48

10. Dividenden

Art. 10 DBA-Spanien (Text) 50
Art. 23 DBA-Spanien (Text — auszugsweise) 52
Erläuterungen 52

11. Zinsen

Art. 11 DBA-Spanien (Text) 56
Art. 23 DBA-Spanien (Text — auszugsweise) 57
Erläuterungen 58

12. Lizenzgebühren

Art. 12 DBA-Spanien (Text) 59
Art. 23 DBA-Spanien (Text — auszugsweise) 61
Erläuterungen 61

13. Veräußerungsgewinne

Art. 13 DBA-Spanien (Text) 64
Art. 23 DBA-Spanien (Text — auszugsweise) 65
Erläuterungen 65

14. Einkünfte aus freiem Beruf

Art. 14 DBA-Spanien (Text) 66
Art. 23 DBA-Spanien (Text — auszugsweise) 66
Erläuterungen 66

15. Einkünfte aus unselbständiger Arbeit im Privatdienst

Art. 15 DBA-Spanien (Text) 67
Art. 23 DBA-Spanien (Text — auszugsweise) 68
Erläuterungen 68

16. Aufsichtsratsvergütungen

Art. 16 DBA-Spanien (Text) 70
Art. 23 DBA-Spanien (Text — auszugsweise) 71
Erläuterungen 71

Seite

17. Einkünfte von Künstlern und Sportlern
Art. 17 DBA-Spanien (Text) 72
Art. 23 DBA-Spanien (Text — auszugsweise) 72
Erläuterungen 72

18. Bezüge aus aktivem öffentlichen Dienst
Art. 18 DBA-Spanien (Text) 73
Art. 23 DBA-Spanien (Text — auszugsweise) 74
Erläuterungen 74

19. Versorgungsbezüge
Art. 19 DBA-Spanien (Text) 75
Erläuterungen 75

20. Bezüge für Studium und Ausbildung
Art. 20 DBA-Spanien (Text) 76
Erläuterungen 76

21. Sonstige Einkünfte
Art. 21 DBA-Spanien (Text) 77
Erläuterungen 77

22. Vermögensbesteuerung
Art. 22 DBA-Spanien (Text) 77
Art. 23 DBA-Spanien (Text — auszugsweise) 78
Erläuterungen 79

23. Ausgleichung der DBest. im Wohnsitzstaat
Art. 23 DBA-Spanien (Text) 80
Erläuterungen 82

24. Steuerliche Gleichbehandlung von Staatsangehörigen und Unternehmen
Art. 24 DBA-Spanien (Text) 87
Erläuterungen 88

25. Rechtsmittel, Verständigungsverfahren
Art. 25 DBA-Spanien (Text) 89
Erläuterungen 90

Seite

26. Zusammenarbeit der Steuerbehörden

Art. 26 DBA-Spanien (Text) 91

Erläuterungen 92

27. Sonderbehandlung des diplomatischen Personals

Art. 27 DBA-Spanien (Text) 95

Erläuterungen 95

28. Berlinklausel

Art. 28 DBA-Spanien (Text) 96

29. Ratifikation, Inkrafttreten

Art. 29 DBA-Spanien 96

30. Kündigung

Art. 30 DBA-Spanien 97

Anhang

Anlage 1: Verordnung vom 10. November 1975 zur Durchführung der Artikel 10, 11 und 12 des Abkommens 98

Anlage 2: Entlastungsverfahren für Dividenden, Zinsen und Lizenzgebühren — BdF v. 2. 8. 1976 102

Anlage 3: Behandlung spanischer Personengesellschaften BdF v. 19. 3. 1976 117

Anlage 4: Steuerliche Behandlung spanischer Personengesellschaften; Progressionsvorbehalt BMF v. 29. 7. 1983 118

Anlage 5: Notenwechsel betr. Gesetz zu dem Abkommen vom 5. 12. 1966 zwischen der BRD und dem spanischen Staat 119

Stichwortverzeichnis 121

Abkürzungsverzeichnis

ABl.	Amtsblatt der europäischen Gemeinschaft
AIG	Auslandsinvestitionsgesetz
BfF	Bundesamt für Finanzen
BGBl.	Bundesgesetzblatt
B.O.E.	Boletin Oficial del Estado (span. BGBl.)
BStBl.	Bundessteuerblatt
CC	Codigo Civil
DBA	Doppelbesteuerungsabkommen
DStZ/E	Deutsche Steuerzeitung
EFG	Entscheidungen der Finanzgerichte
EStG	Einkommensteuergesetz
FA	Finanzamt
FG	Finanzgericht
FR	Finanzrundschau
FVG	Finanzverwaltungsgesetz
GewStG	Gewerbesteuergesetz
IWB	Internationale Wirtschafts-Briefe
KStG	Körperschaftsteuergesetz
MA	Musterabkommen
MA-Komm.	Kommentar zum OECD-Musterabkommen
RH	Reglamento hipotecario
RIW/AWD	Recht der internationalen Wirtschaft/Außenwirtschaftsdienst des Betriebsberaters (bis 1974 AWD)
RStBl.	Reichtssteuerblatt
StA	Staatsanwaltschaft
StbJb	Steuerberaterjahrbuch
VStG	Vermögensteuergesetz

Literaturverzeichnis

Estudios de doble Imposicion internacional, Instituto de Estudios fiscales, Ministerîo de Hacienda, 1979

De Juan Peñalosa, J. L., Cuestiones de Fiscalidad internacional en España, in: Cronica Tributaria Nr. 46, S. 101 ff.

Knoppe, Besteuerung der Lizenz- und Know-How-Vergütungen, Köln 1972

Korn-Dietz-Debatin, Doppelbesteuerung, München (Stand: Dezember 1983)

Musterabkommen zur Vermeidung der Doppelbesteuerung des Einkommens und des Vermögens, Bericht des Fiskalausschusses der OECD, 1977

Selling, H.-J., Handbuch des spanischen Steuerrechts, Frankf./Herne 1985

Tipke-Kruse, AO/FGO, Köln, 11. Aufl. (Stand: Juni 1984)

Verwaltungsgrundsätze — Grundsätze für die Prüfung der Einkunftsabgrenzung bei international verbundenen Unternehmen, BStBl. 83 I, 218 ff.

Vogel, K., Doppelbesteuerungsabkommen, München 1983

Weber, E., Handausgabe des Doppelbesteuerungsabkommen, Herne/Berlin 1982

Einleitung

Diese Darstellung beschränkt sich auf die Kommentierung der Rechtsnormen des DBA Spaniens. Die Kenntnis des deutschen Steuerrechts ist daher zum Verständnis des DBA-Spaniens notwendige Voraussetzung. Da auch teilweise aus spanischer Sicht kommentiert wird, mußte auf diese Rechtsordnung (bei Art. 2 DBA) etwas intensiver eingegangen werden.

Der Einstieg in die Systematik und Anwendung eines DBA ist erfahrungsgemäß nicht so einfach. Trotzdem wird bei der Kommentierung jeden Artikels auf eine mehr oder weniger wiederholende Einführung verzichtet, um den Umfang der Darstellung nicht aufzublähen. Am Beginn stehen die Artikel des persönlichen (Art. 1, 4) und des sachlichen Anwendungsbereiches des DBA (Art. 2) sowie der Definitionsartikel (Art. 3). Sodann folgen die Tatbestandsartikel (Art. 6—22) mit dem für diesen Zweck gekürzten Rechtsfolgeartikel (Art. 23), um das Verständnis dafür zu fördern, daß der DBA-Tatbestand nicht steuerbegründend frei im Raume steht, sondern an die nationale Rechtsordnung begrenzend anknüpft. Es sind demnach für die Prüfung immer zwei Ebenen scharf zu unterscheiden: die des nationalen Steuerrechtes als Basis und die des DBA-Rechtes als Begrenzung, z. B. kann eine Sondervergütung eines Mitunternehmers gem. § 15 EStG als eine gewerbliche Einkunft gelten (= nationale Ebene), doch muß dieselbe Sondervergütung für Zwecke der Prüfung der Steuerbefreiung auf Grund des DBA (= DBA Ebene) als Zinsen, V+V-Einkünfte oder Dividenden angesehen werden.

Für das Verhältnis des spanischen Steuerrechtes zum DBA ist es nicht uninteressant zu wissen, daß es nach dem immer noch geltenden „Circular de la Direccion General de impuestos Nr. 2/72" ein Wahlrecht für die Anwendung der Rechte aus dem DBA und dem nationalen Steuerrecht gibt (Alegria Borras Rodriguez, in: Estudios de doble Imposicion internacional, S. 50).

1. Persönlicher Geltungsbereich — Art. 1

Dieses Abkommen gilt für Personen, die in einem Vertragstaat oder in beiden Vertragstaaten ansässig sind.

Zur Person, siehe Art. 3 Rdn. 27, 28.
Zur Ansässigkeit, siehe Art. 4 Rdn. 31, 32.

2. Sachlicher Geltungsbereich — Art. 2

(1) Dieses Abkommen gilt, ohne Rücksicht auf die Art der Erhebung, für Steuern vom Einkommen und vom Vermögen, die für Rechnung eines der beiden Vertragstaaten, seiner Länder oder seiner Gebietskörperschaften oder örtlichen Verwaltungen erhoben werden.

(2) Als Steuern vom Einkommen und vom Vermögen gelten alle Steuern, die vom Gesamteinkommen, vom Gesamtvermögen oder von Teilen des Einkommens oder des Vermögens erhoben werden, einschließlich der Steuern vom Gewinn aus der Veräußerung beweglichen und unbeweglichen Vermögens, der Lohnsummensteuer (außer den Beiträgen zur Sozialversicherung) sowie der Steuern vom Vermögenszuwachs.

(3) Zu den zur Zeit bestehenden Steuern, für die das Abkommen gilt, gehören insbesondere

1. in der Bundesrepublik Deutschland:

(a) die Einkommensteuer,
(b) die Körperschaftsteuer,
(c) die Vermögensteuer,
(d) die Gewerbesteuer,

(im folgenden als „deutsche Steuer“ bezeichnet);

2. im Spanischen Staat:

(a) die allgemeine Einkommensteuer der natürlichen Personen (el Impuesto General sobre la Renta de las Personas Fisicas),

(b) die allgemeine Körperschaftsteuer (el Impuesto General sobre la Renta de Sociedades y demas entidades juridicas) einschließlich der Sondersteuer von 4 vom Hundert nach Artikel 104 des Gesetzes 41 vom 11. Juni 1964.

(c) die folgenden Vorsteuern:
die Steuer auf Einkünfte aus ländlichem Grundvermögen (la Contribución Territorial sobre la Riqueza Rústica y Pecuaria),
die Steuer auf Einkünfte aus städtischem Grundvermögen (la Contribución Territorial sobre la Riqueza Urbana), die Steuer auf Einkünfte aus persönlicher Arbeit (el Impuesto sobre los Rendimientos del Trabajo Personal), die Steuer auf Kapitalerträge (el Impuesto sobre las Rentas del Capital), die Steuer auf gewerbliche Tätigkeit und Gewinne (el Impuesto sobre Actividades y Beneficios Comerciales e Industriales),

(d) in Fernando Poo, Rio Muni, Sahara und Ifni die Einkommensteuer (auf Einkünfte aus Arbeit und aus Vermögen) und die Steuer auf den Gewinn von Unternehmen (los impuestos sobre la renta (sobre los rendimientos del trabajo y del patrimonio) y el impuesto sobre los beneficios de las empresas),

(e) bei den unter das Gesetz vom 26. Dezember 1958 fallenden Unternehmen, die sich mit der Erforschung und der Ausbeutung von Erdöl- oder Erdgasvorkommen befassen, auch die „Bodenabgabe“ (canon de superficie), die Steuer vom Bruttoerzeugnis (el impuesto sobre el producto bruto) und die Sondersteuer vom Gewinn dieser Gesellschaften (el impuesto especial sobree los beneficios).

(f) die örtlichen Steuern vom Einkommen und vom Vermögen (los impuestos locales sobre la renta o el patrimonio),

(im folgenden als „spanische Steuer“ bezeichnet).

(4) Das Abkommen gilt auch für alle Steuern gleicher oder ähnlicher Art, die künftig neben den zur Zeit bestehenden Steuern oder an deren Stelle erhoben werden. Die zuständigen Behörden der Vertragstaaten teilen einander zu Beginn eines jeden Jahres die in ihren Steuergesetzen eingetretenen wesentlichen Änderungen mit.

(5) Die Bestimmungen dieses Abkommens über die Besteuerung des Einkommens oder des Gewinns gelten auch für die nicht nach dem Gewerbeertrag oder dem Gewerbekapital berechnete deutsche Gewerbesteuer.

Erläuterungen

Zu Abs. 1

Da der Steuergläubiger der deutschen Kirchensteuer nicht eine Gebietskörperschaft ist, gilt für sie das DBA nicht. 1

Zu Abs. 2

2 Zu den Steuern (außer der in Abs. 3 genannten deutschen Vermögensteuern auch die deutsche Grundsteuer) gehören Ergänzungsabgaben, die rechtlich so behandelt werden, wie die Steuern, zu deren Ergänzung sie erhoben werden. Steuern sind auch die steuerlichen Nebenleistungen (§ 3 AO), z. B. Verspätungs- und Säumniszuschläge, Zinsen (z. B. Aussetzungszinsen), Zwangsgelder und Kosten. Außerdem gehören dazu rückzahlbare Abgaben (z. B. die zwischenzeitlich als verfassungswidrig aufgehobene Investitionshilfeabgabe), nicht aber Sozialversicherungsabgaben.

Zu Abs. 3 Nr. 2, 4 (Grundzüge des ab dem Veranlagungszeitraum 1979 reformierten spanischen Steuerrechtes, Stand: 31. 12. 1984, zum spanischen Steuersystem vgl. auch IWB F.5 Spanien Gr. 2 S. 111)

3 Im folgenden werden besprochen:

a) die ESt (Abs. 3 Nr. 2a)
b) die KSt (Abs. 3 Nr. 2b)
c) die Steuern auf ländliche und städtische Grundstücke sowie die Gewerbelizenzsteuer (die Freiberufler-Lizenzsteuer fällt nicht unter Abs. 3),
d) nicht die Steuern auf Einkünfte aus persönlicher Arbeit sowie auf Kapitalerträge, da sie ab dem Veranlagungszeitraum 1979 in die ESt eingegangen (Abs. 3 Nr. 2c) sind,
e) nicht die in Abs. 3 Nr. 2d genannten Steuern, da sie lt. Auskunft der Generaldirektion des span. Finanz- und Wirtschaftsministeriums vom Febr. 1985 an die Spanische Botschaft in Bonn als körperschaftsteuerliche Sonderregelungen (z. B. Abschreibungsfreiheiten) für Unternehmen, die sich mit der Forschung und Gewinnung von Kohlewasserstoffen befassen, in Art. 45 ff. des Gesetzes 21 v. 27. 6. 1974 aufgegangen sind,
f) nicht die in Abs. 3 Nr. 2e genannten Steuern, da sie in die KSt 1979 eingegangen sind,
g) die in Abs. 3 Nr. 3f genannten sonstigen lokalen Steuern vom Einkommen auf Vermögen (aufgeführt am Beispiel der baskischen Provinz Alava): Grundstücksteuer, Belegenheitssteuer, Grundstückszuwachssteuer, ab 1984 Zuschläge zur ESt und zur Steuer auf ländliche und städtische Grundstücke sowie
h) die ab 1977 erhobene Vermögensteuer für natürliche Personen (Abs. 4).

Die Einkommensteuer

Die ESt ist geregelt durch Gesetz vom 8. 9. 1978 (B.O.E. vom 11. 9. 1978) i.V.m. der EStVO vom 3. 8. 1981 (B.O.E. vom 27. 10. 1981) sowie in vielen Einzelerlassen. Steuersubjekte sind die natürlichen unbeschränkt und beschränkt steuerpflichtigen Personen. Unbeschränkt steuerpflichtig sind u. a. die Personen, die ihren gewöhnlichen Wohnsitz (= Aufenthalt in Spanien mehr als 183 Tage) im spanischen Territorium (= spanisches Festland, Balearen, Kanarische Inseln, Ceuta und Melilla) sowie die natürlichen Personen, die — ohne Wohnsitz in Spanien zu haben — Teil eines in Spanien ansässigen Familienverbandes (bestehend z. B. aus Ehegatten und den unter 18 Jahre alten Kindern) bilden. 4

Beschränkt steuerpflichtig sind folgende Einkünfte: Unternehmerische Einkünfte, die einer in Spanien belegenen Betriebsstätte zuzurechnen sind; Einkünfte aus freiberuflicher, künstlerischer und unselbständiger Arbeit, wenn die Dienstleistungen in Spanien erbracht werden; Einkünfte aus von in Spanien ansässigen Unternehmen ausgegebenen Wertpapieren und aus Gewinnanteilen an in Spanien ansässigen Unternehmen; Einkünfte aus Darlehen, Patenten und anderen Leistungen, die an in Spanien ansässige Personen, Unternehmen oder dort gelegene Betriebstätten erbracht werden; Erträge aus in Spanien belegenen Grundstücken und darauf liegenden Rechten sowie aus beweglichen Wirtschaftsgütern und Rechten, sofern sie in Spanien ausgeübt oder erfüllt werden müssen; die in Spanien erzielten Vermögensänderungen. Für beschränkt Steuerpflichtige mit Betriebstätte mit fortlaufenden Aktivitäten gelten die Bestimmungen wie für unbeschränkt Steuerpflichtige, wobei bei den von dem Steuerbetrag abzuziehenden Abzügen Einschränkungen bestehen. 5

Das zu versteuernde Einkommen ist die Summe aller Einkünfte einschließlich der Vermögensveränderungen. Für die zeitliche Zurechnung gilt in der Regel das Aufwands- und Ertragsprinzip. 6

Die ESt wird wie folgt ermittelt: 7

1. Einkünfte aus nichtselbständiger Tätigkeit,
2. Einkünfte aus der Nutzung privater Kapitalvermögen (= Vermietungs- und Verpachtungseinkünfte und solche aus Kapitalvermögen)
3. Einkünfte aus geschäftlicher Tätigkeit (= gewerbliche und freiberufliche Einkünfte) und
4. Einkünfte aus Vermögensveränderungen.

= zu versteuerndes Einkommen

x Steuersatz

= tariflicher ESt

—Abzüge

= festzusetzende ESt

—Quellensteuer und ESt-Vorauszahlungen

= zu zahlende oder zu erstattende ESt

8 Für die Vermietungseinkünfte ist hervorzuheben, daß auch eigengenutztes städtisches Grundvermögen und leerstehende Wohnungen der Besteuerung unterworfen werden. Bei den Einkünften aus geschäftlicher Tätigkeit werden die Einkünfte i.d.R. direkt und bei geringem Umfang aufgrund einer Richtsatzschätzung ermittelt. Keine Einkünfte aus Tätigkeiten und/oder Kapitalnutzung sind solche aus Vermögensveränderungen, die ermäßigt besteuert werden. Vermögensveränderungen sind solche, die Folge einer Bestandsveränderung sind (also keine reinen Wertänderungen wie z. B. Inflationsgewinne). Veräußerungen von Betriebsvermögen bleiben steuerfrei, wenn es reinvestiert wird; Veräußerungen von eigengenutzten Eigentumswohnungen und -gebäuden sind nur insoweit steuerfrei, als der Veräußerungspreis nicht 15 Mio. ptas. übersteigt und er innerhalb von 2 Jahren vor (bei Kreditfinanzierungen) oder nach der Veräußerung reinvestiert wird. Als Besonderheit soll nicht unerwähnt bleiben, daß Einkünfte aus nichtrechtsfähigen Gesellschaften, Vermögensverwaltungsgesellschaften mit begrenztem Gesellschafterkreis, Vereinigungen von Freiberuflern, sowie solche aus kleineren juristischen Personen (sog. durchgriffsbesteuerte Gesellschaften) zwar nach dem KStG ermittelt, aber bei dem jeweiligen Gesellschafter versteuert werden. Verluste einer Einkunftsart können mit Gewinnen anderer Einkunftsarten ausgeglichen und in die folgenden 5 Jahre vorgetragen werden.

9 Der progressive Steuertarif ist seit 1979 bisher 5 mal geändert worden. Der Steuerbetrag darf seit dem Veranlagungszeitraum 1984 46 % des zu versteuernden Einkommens nicht übersteigen. Wegen der Höchstbetragsregelung mit der Vermögensteuer, siehe Rdn. 17. Von diesem Steuerbetrag können der Höhe nach begrenzte Aufwendungen für private investitions- und strukturpolitisch erwünschte Zwecke sowie zur Vermeidung einer Doppelbelastung (z. B. Teilanrechnung der Körperschaftsteuer, Quellensteuern, Einkommensteuervorauszahlungen und ausländische Steuern) angerechnet
10 werden. Die Quellensteuer wird über die progressiv gestaffelte Lohnsteuer

und die ab 1984 in Höhe von 18 % erhobene Kapitalertragsteuer hinaus auch auf Einkünfte von Freiberuflern (ab 1984: 5 %), Aufsichtsratsmitgliedern (ab 1984: 18 %) erhoben. Beschränkt Steuerpflichtige mit Betriebstätte in Spanien werden wie unbeschränkt Steuerpflichtige behandelt, aller- 11
dings können nicht alle Steuerabzüge in Anspruch genommen werden. Beschränkt Steuerpflichtige ohne Betriebstätte (z. B. Bauausführungen bis 12 Monate) können auch für eine Besteuerung optieren, die sie wie Steuerpflichtige mit Betriebstätte behandelt. Umgekehrt können Steuerpflichtige mit Betriebstätte stattdessen am Ende des Wirtschaftsjahres für die fallweise Besteuerung (d. h. Besteuerung im Zeitpunkt der Fälligkeit der Leistung) mit der Möglichkeit optieren, die erzielten Einkünfte sofort ins Ausland ohne weiteres devisenrechtliche Einschränkungen zu transferieren. Sofern der spanische Steuersatz/-betrag niedriger ist als der des DBA, kann der niedrigere Steuersatz/-betrag gewählt werden. Wegen des körperschaftsteuerrechtlichen Verlustausgleichsverbotes bei mehreren Betriebstätten, siehe Rdn. 14. Bei beschränkt Steuerpflichtigen ohne Betriebstätte in Spa- 12
nien gilt ab 1984 im allgemeinen der Steuersatz von 18 %, von 10 % bei Dienstleistungen spanischer Gesellschaften an deutsche Muttergesellschaften, 8 % bei Nutzung von Filmen zu kommerziellen Zwecken (jeweils bezogen auf die Bruttovergütung bei den Steuersätzen von 18—8 %) und bei Vermögenserhöhungen und Dienst- und Montageleistungen der allgemeine Steuersatz auf den Nettobetrag. Die Abgabefrist für die Steuererklärung beträgt bei beschränkt Steuerpflichtigen ohne Betriebstätte in Spanien 25 Tage nach der Fälligkeit der Forderungen.

Die Körperschaftsteuer

Steuerpflichtig sind alle juristischen Personen, d. h. auch Personengesell- 13
schaften. Die Einkünfte der juristischen Personen, deren Einkommen bei den Gesellschaftern der o. g. durchgriffsbesteuerten Personen der ESt unterworfen werden, werden nur nach dem Körperschaftsteuergesetz ermittelt, aber nicht der KSt unterworfen. Wegen der Konzerne siehe Rdn. 17. Unbeschränkt Steuerpflichtige sind nur die Personen, die eine der folgenden Voraussetzungen erfüllen: Gründung der Gesellschaft nach spanischen Gesetzen, Sitz oder tatsächliche Geschäftsleitung in Spanien.

Beschränkt steuerpflichtig sind die Einkünfte aus: 14

- gewerblichen oder freiberuflichen Tätigkeiten mit Betriebstätte in Spanien,

- jede Art von in Spanien erbrachten Dienstleistungen,
- in Spanien gelegenes unbewegliches bzw. bewegliches Vermögen,
- Wertpapiere spanischer oder ausländischer Gesellschaften mit Betriebstätte in Spanien und
- Vermögenszuwachs.

Bei Steuerpflichtigen ohne Betriebstätte in Spanien werden ausdrücklich nicht als steuerpflichtige Einkünfte angesehen: Liefergewinne, Einkünfte aus im Ausland erbrachten Leistungen sowie Devisen- oder Pesetenkonten.

Das Einkommen wird als Summe der Einkünfte und Vermögensänderungen aus der Buchführung abgeleitet, wenn die handelsrechtlichen Rechnungslegungsvorschriften eingehalten sind. Hilfsweise wird es in einer Bestandsvergleichsrechnung oder aufgrund einer Schätzung ermittelt. Die Handelsbilanz ist jedoch insoweit nicht für die Steuerbilanz maßgeblich, als eigene Ansatz- und Bewertungsvorschriften gelten. Im allgemeinen kann gesagt werden, daß diese Vorschriften faktisch auf eine Verlängerung des Verlustvortragszeitraumes hinauslaufen. Erträge und Aufwendungen werden nach den Kriterien der wirtschaftlichen Verursachung dem Wirtschaftsjahr zugeordnet. Verluste können 5 Jahre vorgetragen werden. Der allgemeine Steuersatz beträgt ab 1984 35 %; besondere Steuersätze gelten für Sparkassen und Genossenschaften. Von dem Steuerbetrag werden die Beträge abgezogen, die steuerliche Doppelbelastungen (Abzug wegen Dividendenbezug, ausländischer Steuern, Quellensteuern, KSt-Vorauszahlungen) und investitions- und standortpolitische Zwecke berücksichtigen. Bei beschränkt Steuerpflichtigen ohne Betriebstätte in Spanien können nur die Quellensteuern und bestimmte Steuervergünstigungen abgezogen werden; im übrigen gilt hinsichtlich des Steuersatzes das zur ESt Ausgeführte entsprechend (Rdn. 12). Bei beschränkt Steuerpflichtigen mit mehreren Betriebstätten gelten die jeweiligen Betriebstätten als eigene Steuerschuldner, d. h. eine Verlustverrechnung zwischen den Betriebstätten besteht nicht; ansonsten werden sie wie unbeschränkt Steuerpflichtige behandelt (s. ansonsten bei Rdn. 11).

15 Im Unterschied zum deutschen Steuerrecht, das die Ergebnisse verbundener Unternehmen im Rahmen der Organschaft auf den Organträger überleitet, gilt die Ergebniskonsolidierung mit Zwischengewinneliminierung. Konsolidiert werden kann jedoch nur, wenn die herrschende Gesellschaft nicht ihrerseits von einer in Spanien ansässigen Gesellschaft beherrscht wird. Insoweit gilt der Konzern als eigenes Steuersubjekt.

Die Vermögensteuer

Vermögensteuerpflichtig sind alle natürlichen unbeschränkt und beschränkt steuerpflichtigen Personen. Unbeschränkt steuerpflichtig sind alle Personen mit Wohnsitz oder gewöhnlichem Aufenthalt (= mehr als 6 Monate) in Spanien. Beschränkt steuerpflichtig sind alle Personen mit Vermögenswerten in Spanien. 16

Vermögensarten sind der Einheitswert des Grund und Bodens von Gebäuden sowie landwirtschaftliches Vermögen, Betriebsvermögen nichtjuristischer Personen mit dem aus der Steuerbilanz abgeleiteten Kapitalkonto, Bankguthaben, Wertpapiere (i. d. R. Börsenwert oder ansonsten Kapitalkontoanteil), übriges Vermögen (z. B. Nutzungsrechte) und Hausrat über 250 000 Ptas. Von diesem Rohvermögen werden die damit zusammenhängenden Schulden und bestimmte Freibeträge (die nicht von beschränkt Steuerpflichtigen geltend gemacht werden können) abgezogen. Auf dieses Reinvermögen wird ein progressiver Steuersatz angewandt (bis 25 Mio. = 0,2 %, mehr als 2500 Mio. = 2 %). Der Steuersatz von ESt und VSt auf das sog. Produktivvermögen (i.d.R. Reinvermögen ohne Hausrat) darf die Höchstgrenze von 70 % nicht übersteigen. Auf diesen Steuerbetrag wird insbesondere ausländische Vermögensteuer angerechnet. 17

Steuer auf landwirtschaftlichen Grundbesitz (mit geringer Steuerbelastung für den Steuerpflichtigen)

Steuergegenstand sind land- und viehwirtschaftlich genutzte Vermögen des Eigentümers oder des Nutzungsberechtigten. Bemessungsgrundlage ist ein Ertragswert, auf den ab 1984 von der Gemeinde ein aufgrund eines Beschlusses festgesetzter Steuersatz angewandt wird. Kommt kein Beschluß zustande, gilt der Steuersatz von 10 %. 18

Steuer auf städtische Grundstücke (mit geringer Steuerbelastung für den Steuerpflichtigen)

Steuergegenstand sind die städtischen Immobilien von Eigentümern und Nutzungsberechtigten. Bemessungsgrundlage ist ebenfalls ein Ertragswert, auf den ab 1984 ein aufgrund eines Gemeindebeschlusses ermittelter Steuersatz angewandt wird. Kommt kein Schluß zustande, gilt der Steuersatz von 20 %. 19

Gewerbe- und Freiberuflerlizenzsteuer (mit geringer Steuerbelastung für den Steuerpflichtigen)

20 Steuergegenstand sind gewerbliche Tätigkeiten, die tariflich eingestuft und mit einem festen Steuerbetrag je nach Art der Tätigkeit belegt sind.

Gemeindliche Niederlassungssteuer

21 Steuergegenstand ist die Nutzung von Geschäftslokalen aller Art für unternehmerische Zwecke durch die Nutzungsberechtigten. Bemessungsgrundlagen sind die Oberfläche von Grundstücken und den darauf errichteten Gebäudestockwerken, auf die als Steuersatz der von der Gemeinde festgelegte Quadratmeterpreis pro Straßenkategorie angewandt wird.

Gemeindliche Wertzuwachssteuer

22 Steuergegenstand ist der Wertzuwachs anläßlich einer Übertragung oder Begründung eines dinglichen Rechtes (1. Alternative) oder der Wertzuwachs von Grundstücken juristischer Personen (2. Alternative). Bei der 1. Alternative ist der Steuerpflichtige bei unentgeltlichen Übertragungen der Erwerber und bei entgeltlichen Übertragungen der Veräußerer.

23 Bemessungsgrundlage ist die Differenz zwischen den durchschnittlichen gemeindlichen Verkaufspreisen im Zeitpunkt der Begründung oder Aufgabe der Rechtsposition. Auf diese Bemessungsgrundlage wird ein Steuersatz angewandt, der von der Höhe des Wertzuwachses und der Länge der Besitzzeit abhängig ist; bei Übergang aufgrund eines Erbfalles gilt der Steuersatz der Erbschaftsteuer und bei Übertragungen zwischen Familienangehörigen der Steuersatz von 5 % mit Anrechnungsmöglichkeiten im Fall der Übertragung auf einen Dritten. Im Fall der Alternative 2 wird die Steuer alle 10 Jahre fällig.

Die Grundsteuer

24 Steuergegenstand sind Grundstücke von Eigentümern und Nutzungsberechtigten, die bauordnungs- und planungsrechtlichen Bestimmungen nicht entsprechen. Bemessungsgrundlage sind die durchschnittlichen gemeindlichen Verkaufspreise, auf die ein von der Dauer des rechtswidrigen Zustandes abhängiger Steuersatz angewandt wird.

Spanische Doppelbesteuerungsabkommen

25 Spanien hat mit verschiedenen Ländern Doppelbesteuerungsabkommen abgeschlossen, die im wesentlichen dem OECD-Musterabkommen entsprechen. Darin werden die Dividenden, Zinsen und Lizenzgebühren wie folgt behandelt:

Land	Schachteldividenden % (i.d.R. 25 % oder 50 % Beteiligungsansatz)	Dividenden %	Zinsen %	Lizenzgebühren %
Norwegen	10	15	10	5
Schweiz	10	15	10	5
BRD (Schachtelbeteiligung 20 %)	10	15	10	5
Österreich	10	15	5	5
Finnland	10	15	10	5
Portugal	10	15	15	5
Belgien	—	15	15	5
Niederlande	10	15	10	6
Dänemark	10	15	10	6
Frankreich	10	15	10	6
Japan	10	15	10	10
Brasilien	—	15	15	10—15
Großbritannien	10	15	12	10
Schweden	10	15	15	10
Rumänien	10	15	10	10

Zur Vermeidung der Doppelbesteuerung bei Betriebstätteneinkünften wird folgende Methode angewandt:

Land	Betriebstätte in Spanien	Betriebsstätte im Ausland
Norwegen	Freistellung	Freistellung
Schweiz	Freistellung	Freistellung
BRD	Freistellung	Freistellung
Österreich	Freistellung	Freistellung
Finnland	Freistellung	Freistellung
Portugal	Anrechnung	Freistellung
Belgien	Freistellung	Freistellung
Niederlande	Freistellung	Freistellung
Dänemark	Freistellung	Freistellung

Land	Betriebstätte in Spanien	Betriebsstätte im Ausland
Frankreich	Freistellung	Freistellung
Japan	Anrechnung	Freistellung
Brasilien	Anrechnung	Anrechnung
Großbritannien	Anrechnung	Anrechnung
Schweden	Anrechnung	Anrechnung

3. Begriffsbestimmungen — Art. 3

(1) Im Sinne dieses Abkommens bedeuten, wenn der Zusammenhang nichts anderes erfordert:

(a) der Ausdruck „Bundesrepublik" die Bundesrepublik Deutschland und, im geographischen Sinne verwendet, das Gebiet des Geltungsbereichs des Grundgesetzes für die Bundesrepublik Deutschland;

(b) der Ausdruck „Spanien" den Spanischen Staat und, im geographischen Sinne verwendet, die Halbinsel Spanien, die Balearen und die Kanarischen Inseln, die spanischen Plätze und Provinzen in Afrika und Spanisch Guinea, das aus den Hoheitsgebieten Rio Muni und Fernando Poo besteht, die sich beide im Stadium des Übergangs zur Selbstbestimmung befinden;

(c) die Ausdrücke „ein Vertragstaat" und „der andere Vertragstaat", je nach dem Zusammenhang, die Bundesrepublik oder Spanien;

(d) der Ausdruck „Steuer", je nach dem Zusammenhang, die deutsche Steuer oder die spanische Steuer;

(e) der Ausdruck „Person" eine natürliche Person oder eine Gesellschaft;

(f) der Ausdruck „Gesellschaft" eine juristische Person oder einen anderen Rechtsträger, der für die Besteuerung wie eine juristische Person behandelt wird;

(g) die Ausdrücke „Unternehmen eines Vertragstaates" und „Unternehmen des anderen Vertragstaates" je nach dem Zusammenhang ein Unternehmen, das von einer in der Bundesrepublik ansässigen Person betrieben wird, oder ein Unternehmen, das von einer in Spanien ansässigen Person betrieben wird;

(h) der Ausdruck „Ort der tatsächlichen Geschäftsleitung eines Unternehmens“ den Ort, an dem sich der Mittelpunkt der allgemeinen Geschäftsleitung befindet; befindet sich der Ort der tatsächlichen Geschäftsleitung eines Unternehmens der Seeschiffahrt an Bord eines Schiffes, so gilt er als in dem Vertragstaat gelegen, in dem der Heimathafen des Schiffes liegt, oder, wenn kein Heimathafen vorhanden ist, in dem Vertragstaat, in dem die Person, die das Schiff betreibt, ansässig ist;

(i) der Ausdruck „zuständige Behörde“ auf seiten der Bundesrepublik
den Bundesminister der Finanzen
und auf seiten Spaniens
den Minister der Finanzen, den Generaldirektor für die direkten Steuern oder jede andere vom Minister ermächtigte Behörde.

(2) Bei Anwendung dieses Abkommens durch einen Vertragstaat hat, wenn der Zusammenhang nichts anderes erfordert, jeder nicht anders definierte Ausdruck die Bedeutung, die ihm nach dem Recht dieses Staates über die Steuern zukommt, welche Gegenstand dieses Abkommens sind.

Erläuterungen

Zu Abs. 1b

26 Das spanische Hoheitsgebiet erstreckt sich auf die Halbinsel Spanien (außer Gibraltar), die Balearen und die Kanarischen Inseln, Ceuta und Melilla, jedoch nicht mehr die übrigen hier genannten Gebiete. Zuletzt schied die Sahara im Februar 1976 aus dem spanischen Hoheitsverband aus.

Zu Abs. 1f

27 Gesellschaften sind aus spanischer Sicht nicht nur Kapitalgesellschaften (z. B. AG, GmbH, Stiftungen), sondern auch Personengesellschaften (OHG, KG). Im Verhältnis zu Spanien als Quellenland kann die deutsche Personengesellschaft darum Abkommensschutz verlangen, im Verhältnis zur Bundesrepublik Deutschland steht dem zwar für die spanische Personengesellschaft das nationale deutsche Steuerrecht entgegen (RFH RStBl. 1930, 44), doch wird der Abkommensschutz über Art. 4 Abs. 3 DBA jedem Gesellschafter — auch dem in der Bundesrepublik Deutschland ansässigen Gesellschafter — gewährt (s. Rdn. 37 ff.).

28 Stille Gesellschaften, nicht rechtsfähige Vereine, BGB-Gesellschaften und Rechtsgemeinschaften werden in beiden Staaten für die Besteuerung nicht

wie juristische Personen behandelt. Juristische Personen sind in Spanien u. a.: die OHG, KG, GmbH, AG, Investmentgesellschaften (nicht Investmentclubs), fondsverwaltende Gesellschaften, Ratenzahlungs-Finanzierungsgesellschaften, freie Finanzierungsgesellschaften, Faktoring- und Leasinggesellschaften, Garantiegesellschaften, Banken, Versicherungsgesellschaften, KG auf Aktien, Genossenschaften, Unternehmensgesellschaften und in ihrem Firmennamen besonders gekennzeichnete Arbeitsgemeinschaften. Wegen der steuerlichen Behandlung von Konzernen, siehe Rdn. 15.

Zu Abs. 1g

29 Das Unternehmen muß von einer Person i.S.v. Abs. 1g (also auch einer Gesellschaft) betrieben werden. Die von Korn/Dietz/Debatin, Art. 3 Nr. 4 DBA-Spanien, den deutschen Richtlinien zum DBA/USA (BStBl. 1957 I, 154) entlehnte Definition des Betriebes als eine auf Gewinnerzielung gerichtete gewerbliche Tätigkeit kann auch hier herangezogen werden. Betreiber ist also derjenige, der mindestens die Leitungsorgane auswählt und die Ziele der Geschäftspolitik bestimmt, ohne daß ihm zwangsläufig das wirtschaftliche Risiko zuzurechnen ist.

Zu Abs. 2

30 Für die Auslegung der Rechtsnormen des DBA ist folgende Reihenfolge in der Anwendung der Auslegungskriterien einzuhalten:

a) Spezielle Definition des DBA (§§ 3 Abs. 1, 4, 6 Abs. 2, 10 Abs. 3, 11 Abs. 4, 12 Abs. 3),

b) Auslegung nach dem Recht bzw. Steuerrecht des Quellenstaates — sog. lex causae — (Art. 4 Abs. 1 S. 1, 6 Abs. 2 Satz 1, 10 Abs. 4, Satz 1, 11 Abs. 4),

c) Auslegung nach dem Recht des Anwenderstaates — sog. lex fori — oder — wenn das Ergebnis nicht eindeutig oder unvernünftig (= Doppelbesteuerung oder -befreiung) ist —,

d) Auslegung nach dem „Zusammenhang" (Zusammenhang ist die wörtliche Übersetzung des englischen und französischen OECD-Musterabkommens bzw. OECD-MA, in der spanischen Fassung klarer: texto), d. h. nach dem Recht beider oder eines der beiden Staaten (BFH BStBl. 1969 II, 569 — Anwendung des amerikanischen Rechtes), der Entstehungsgeschichte des DBA-Spanien oder des OECD-MA Komm. 63/77 (das OECD-MA hat der BFH BStBl. 1973 II, 531/532 als Auslegungskriterium abgelehnt).

Nach spanischer Auffassung gehen der Auslegung nach der „lex fori" die speziellen Definitionen des DBA, die lex causae und die Auslegung nach den üblichen Interpretationsmethoden (grammatikalische, historische, teleologische Methode) vor (A. Borras Rodriguez in: Estudios de doble Imposicion international, S. 68).

4. Wohnsitzbegriff — Art. 4

(1) Im Sinne dieses Abkommens bedeutet der Ausdruck „eine in einem Vertragstaat ansässige Person" eine Person, die nach dem Recht dieses Staates dort auf Grund ihres Wohnsitzes, ihres ständigen Aufenthalts, des Ortes ihrer Geschäftsleitung oder eines anderen ähnlichen Merkmals steuerpflichtig ist.

(2) Ist nach Absatz 1 eine natürliche Person in beiden Vertragsstaaten ansässig, so gilt folgendes:

(a) Die Person gilt als in dem Vertragstaat ansässig, in dem sie über eine ständige Wohnstätte verfügt. Verfügt sie in beiden Vertragstaaten über eine ständige Wohnstätte, so gilt sie als in dem Vertragstaat ansässig, zu dem sie die engeren persönlichen und wirtschaftlichen Beziehungen hat (Mittelpunkt der Lebensinteressen).

(b) Kann nicht bestimmt werden, in welchem Vertragstaat die Person den Mittelpunkt der Lebensinteressen hat, oder verfügt sie in keinem der Vertragstaaten über eine ständige Wohnstätte, so gilt sie als in dem Vertragstaat ansässig, in dem sie ihren gewöhnlichen Aufenthalt hat.

(c) Hat die Person ihren gewöhnlichen Aufenthalt in beiden Vertragstaaten oder in keinem der Vertragstaaten, so gilt sie als in dem Vertragstaat ansässig, dessen Staatsangehörigkeit sie besitzt.

(d) Besitzt die Person die Staatsangehörigkeit beider Vertragstaaten oder keines Vertragstaates, so regeln die zuständigen Behörden der Vertragstaaten die Frage in gegenseitigem Einvernehmen.

(3) Ist nach Absatz 1 eine Gesellschaft in beiden Vertragstaaten ansässig, so gilt sie als in dem Vertragstaat ansässig, in dem sich der Ort ihrer tat-

sächlichen Geschäftsleitung befindet. Kann der Ort der tatsächlichen Geschäftsleitung nicht bestimmt werden, so gilt die Gesellschaft als in dem Vertragstaat ansässig, in dem sie errichtet worden ist.

(4) Im Sinne der Artikel 5 bis 22 wird ein Gesellschafter einer Personengesellschaft für die Besteuerung der Einkünfte, die er von der Gesellschaft bezieht, oder des Vermögens, das er durch die Gesellschaft besitzt, so behandelt, als sei er in dem Vertragstaat ansässig, in dem sich der Ort der tatsächlichen Geschäftsleitung der Gesellschaft befindet. Diese Einkünfte und dieses Vermögen können, soweit sie nicht in diesem Staat der Steuer unterliegen, in dem anderen Staat besteuert werden.

Erläuterungen

Zu Abs. 1

31 Die Regelbeispiele „Wohnsitz, ständiger Aufenthalt, Ort der Geschäftsleitung“ sind nach jeweils nationalem Recht des Anwendestaates auszulegen. Für das deutsche Steuerrecht gelten die §§ 8, 9 AO.

32 Im spanischen Einkommensteuerrecht knüpft die Steuerpflicht nur an den ständigen Wohnsitz an. Gem. § 21 EStVO, § 3 Abs. 1a VStG hat eine Person ihren ständigen Wohnsitz in Spanien, wenn sie sich dort mehr als 183 Tage im Kalenderjahr aufhält. In diesem Rahmen wird aber die vorübergehende Abwesenheit nicht berücksichtigt, wenn aus den Umständen geschlossen werden kann, daß sie nicht länger als 3 Jahre dauert (z. B. bei Gastarbeitern im Ausland). Bei einer Familieneinheit (z. B. Ehepaaren, Eltern und minderjährige Kinder, usw.) ist die Zusammenveranlagung nach der unbeschränkten Steuerpflicht vorzunehmen, wenn nur ein Mitglied des Familienverbandes die vorgenannten Voraussetzungen erfüllt. Da aber durch diese nationalen Regelungen nicht an durch die Regelbeispiele vorgegebene orts-, sondern personenstandsgebundene Merkmale angeknüpft wird, sind solche Personen — sofern für sie die 183-Tage-Klausel nicht zutrifft — nicht als in Spanien im Sinne des DBA ansässig anzusehen. Im spanischen Körperschaftsteuerrecht wird an den Ort der tatsächlichen Geschäftsleitung für die unbeschränkte Steuerpflicht angeknüpft (§ 21 KStDV). Die tatsächliche Geschäftsführung wird danach an dem Ort ausgeführt,

a) an dem im allgemeinen Verträge abgeschlossen werden,

b) die Hauptbuchführung gemacht wird und

c) die Geschäftsführer ihren Wohnsitz haben.

Liegen diese Voraussetzungen nur teilweise vor, ist für die Annahme des Ortes der tatsächlichen Geschäftsleitung nach folgender Reihenfolge vorzugehen:

1. Bei Vorliegen der Voraussetzungen von a, b und c,
2. bei Vorliegen von a und b,
3. bei Vorliegen von a und b und c mit dem satzungsmäßigen Gesellschaftssitz,
4. a oder b und der satzungsmäßige Gesellschaftssitz oder
5. wo sich der größte Teil des unbeweglichen Vermögens befindet.

Zu 2a

Über eine „ständige Wohnstätte“ verfügt derjenige, der über sie die tatsächliche Verfügungsmacht hat und sie dauernd (mehr als 6 Wochen z. B. bei Ferienhäusern, BFH BStBl. 1968 II, 439) zur Nutzung bestimmt und bereithält. Kurzfristige Aufenthalte anläßlich einer Geschäfts- und Urlaubsreise scheiden also i. d. R. aus (MA-Komm. 77 zu Art. 4 Ziff. 13). Nach dem Urteil des FG Köln (EFG 1983, 110) begründet auch ein auf 1 Jahr befristeter Aufenthalt eines Arbeitnehmers in einem möblierten Appartement, der sich während dieser Zeit zusammen mit seiner Familie nach Spanien polizeilich abgemeldet hat, keine ständige Wohnstätte, zumal das vorher wie nachher als Familienwohnsitz dienende Eigenheim in der Bundesrepublik Deutschland voll eingerichtet zur Verfügung steht; ich halte dieses Urteil insoweit für richtig, als bei einer befristeten Nutzung nicht mehr von einer ständigen Nutzungsbestimmung gesprochen werden kann. 33

Den Mittelpunkt der Lebensinteressen hat der Steuerpflichtige dort, wo er nachprüfbar seiner Tätigkeit (auch vermögensverwaltender Art) nachgeht bzw. — soweit sich das nicht nachprüfen läßt — wo sich der größte Teil seines Vermögens befindet. 34

Zu 2b

Den gewöhnlichen Aufenthalt hat der Steuerpflichtige in dem Vertragsstaat, in dem er sich länger aufhält (MA-Komm. 77 zu Art. 4 Ziff. 17). 35

Zu Abs. 3

Ort der tatsächlichen Geschäftsleitung ist nicht dort, wo lediglich die Ziele der Geschäftspolitik bestimmt und die leitenden Angestellten ausgewählt 36 werden, sondern wo ständig in die Tagespolitik der Gesellschaft eingegriffen und dauernd die im gewöhnlichen Geschäftsverkehr erforderlichen Entscheidungen von einigem Gewicht getroffen werden (so BFH BStBl. 1968 II, 695/697 für die Prüfung der Ansässigkeit einer Organträgerin). Dies gilt entsprechend für Unternehmensverträge (§§ 291 Abs. 1 Satz 2, 292 Abs. 1 Nr. 3 AktG: Geschäftsführungs-, Betriebspacht-, Betriebsüberlassungs- und Betriebsführungsverträge) sowie Basisgesellschaften.

Zu Abs. 4

37 Die Ansässigkeit bestimmt sich für Gewinnanteile und Sondervergütungen i. S. v. § 15 Abs. 1, Satz 2 2. Alternative EStG (z. B. Zinsen, Lizenzen, Mietzinsen), die die Gesellschafter von der Gesellschaft erhalten, einkommen- und vermögensteuerlich nach dem Ort der tatsächlichen Geschäftsleitung der Gesellschaft. Der Wohnsitzstaat des Gesellschafters hat ein Besteuerungsrecht, falls diese Einkünfte im Staat der tatsächlichen Geschäftsleitung nicht (beschränkt oder unbeschränkt) besteuert werden (sog. subject-to-tax-Klausel). Der Wortlaut dieser Klausel läßt aber nicht den Schluß zu, daß das Besteuerungsrecht des Wohnsitzstaates ausgeschlossen ist, falls die Einkünfte oder das Vermögen des Steuerpflichtigen nicht im Tätigkeitsstaat besteuert werden. Insoweit hat die Klausel nur eine (allerdings verwirrende) salvatorische Bedeutung.

38 Die Fiktion bezieht sich nicht auf Art. 23, d. h. sie hat keinen Einfluß auf die Wohnsitzbesteuerung, sondern nur auf die Quellenbesteuerung.

Beispiel 1

Der in der Bundesrepublik Deutschland ansässige Gesellschafter und Darlehensgeber einer spanischen KG, die Darlehenszinsen an ihn zahlt, wird in der Bundesrepublik Deutschland mit den Zinsen als Unternehmer besteuert. Da er aber als in Spanien ansässig gilt, kann er nicht verlangen, daß die spanische Quellensteuer auf 10 % herabgesetzt wird.

Beispiel 2

Der in Spanien ansässige Gesellschafter einer deutschen KG, die Darlehenszinsen an ihn zahlt, wird in Spanien mit den Kapitaleinkünften (als Kapitalanleger) besteuert und kann ebenfalls nicht verlangen, daß die deutsche Quellensteuer auf 10 % herabgesetzt wird.

Beispiel 3

Wie Beispiel 1. Es handelt sich um Gewinnanteile. Diese Einkünfte unterliegen in Spanien der KSt und sind in der Bundesrepublik Deutschland gem. Art. 7 DBA steuerfrei. Auf die Auszahlung behält Spanien Quellensteuer in voller Höhe ohne Abkommensschutz ein, in der Bundesrepublik Deutschland sind sie als Entnahmen steuerfrei (s. die in Anlage 3 u. 4 des Anhangs genannten Erlasse des BMF).

Beispiel 4

Wie Beispiel 2. Es handelt sich aber um Gewinnanteile. Die Einkünfte werden in der Bundesrepublik Deutschland als gewerbliche Einkünfte gem. § 15 Abs. 1 Satz 2 EStG besteuert und bleiben in Spanien gem. Art. 7 DBA steuerfrei. Die nicht mit deutscher Quellensteuer belastete Ausschüttung wird in Spanien als Kapitaleinkunft noch einmal besteuert.

Beispiel 5

Eine spanische OHG mit einem in der Bundesrepublik Deutschland ansässigen Gesellschafter bezieht Lizenzeinnahmen aus der Bundesrepublik Deutschland. Nach Korn/Dietz/Debatin, Art. 4 Nr. 3 ist durch Art. 4 Abs. 4 DBA nur sichergestellt, daß der Steuerabzug auf 5 % gem. Art. 12 Abs. 1 und 2 DBA beschränkt wird. Diese Ansicht beruht aber auf der inzwischen aufgegebenen Bilanzbündeltheorie, wonach die Gesellschaft nur aus einer Zusammenfassung von Einzelunternehmen besteht und die Lizenzeinkünfte anteilmäßig dem Gesellschafter zuzurechnen sind. Da für die Ermäßigung der Quellensteuer auf 5 % vielmehr von der durch deutsches Steuerrecht anerkannten Rechtsnatur der OHG als rechtlich verselbständigtes Gesamthandsvermögen und der Qualifikation der spanischen OHG auf DBA-Ebene gem. Art. 3 Abs. 1f DBA als juristische Person auszugehen ist, handelt es sich hier nicht bei den der Personengesellschaft zugewiesenen Einkünften um einen Anwendungsfall des Absatzes 4. Dies gilt auch für den umgekehrten Fall einer deutschen OHG mit in Spanien ansässigen Gesellschaftern.

Die Wirkung des Abs. 4 besteht also darin, daß es für die Quellenbesteue- 39
rung von Sondervergütungen keinen Abkommensschutz gibt (Beispiele 1 und 2) und damit eine Ungleichbehandlung gegenüber Einkünften bzw. Vermögen von Kapitalgesellschaften vorliegt. Außerdem werden deutsche Anteilseigner an spanischen Personengesellschaften gegenüber spanischen

Anteilseignern an deutschen Personengesellschaften (die nach spanischem Steuerrecht die Doppelbelastung teilweise rückgängig machen können) durch die spanische Doppelbesteuerung von Gewinn und Ausschüttung benachteiligt. Als Rechtfertigung für den Abs. 4 wird von Korn/Dietz/Debatin zu dem fast gleichlautenden Art. 4 Abs. 4 DBA-Portugal (Korn/Dietz/Debatin, Doppelbesteuerung, Band II, DBA-Portugal zu Art. 4 Abs. 4 S. 173 — Kommentierung vom Juli 1983) ausgeführt: „. . . deutsche Personengesellschaften sind hingegen nicht aus eigenem Recht abkommensberechtigt. Die Behandlung von Personengesellschaften, die an die jeweilige innerstaatliche steuerliche Behandlung anknüpft, führt daher zu einer ungleichen Behandlung von Personengesellschaften der beiden Vertragsstaaten unter dem Abkommen. Dies soll . . . vermieden werden." Es geht jedoch gar nicht um die steuerliche Behandlung der Personengesellschaften als solche, sondern um die der Gesellschafter. Bei einem Verzicht auf diese Regelung würde es zwangsläufig zu einer Besteuerung der Gewinne aller Mitunternehmer — ohne Rücksicht auf deren tatsächlichen Wohnsitz — in dem Land kommen, in dem die Betriebstätte liegt, und für die Sondervergütungen würden die allgemeinen Regelungen mit der Wirkung gelten, daß trotz unterschiedlicher Besteuerung der Gesellschaft in beiden Vertragsstaaten die im jeweils anderen Vertragsstaat ansässigen Mitunternehmer wie Anteilseigner einer Kapitalgesellschaft behandelt würden. Eine völlige Angleichung der Besteuerung würde allerdings erst dann erreicht, wenn Spanien auf sein Quellenbesteuerungsrecht der Sondervergütungen verzichten oder die Bundesrepublik Deutschland eine entsprechende Quellensteuer erheben würde.

5. Begriff der Betriebstätte — Art. 5

(1) Der Ausdruck „Betriebstätte" bedeutet eine feste Geschäftseinrichtung, in der die Tätigkeit des Unternehmens ganz oder teilweise ausgeübt wird.

(2) Der Ausdruck „Betriebstätte" umfaßt insbesondere:

(a) einen Ort der Leitung,

(b) eine Zweigniederlassung,

(c) eine Geschäftsstelle,

(d) eine Fabrikationsstätte,

(e) eine Werkstätte,

(f) ein Bergwerk, einen Steinbruch oder eine andere Stätte der Ausbeutung von Bodenschätzen,

(g) eine Bauausführung oder Montage, deren Dauer zwölf Monate überschreitet.

(3) Als Betriebstätte gelten nicht:

(a) Einrichtungen, die ausschließlich zur Lagerung, Ausstellung oder Auslieferung von Gütern oder Waren des Unternehmens benutzt werden;

(b) Bestände von Gütern oder Waren des Unternehmens, die ausschließlich zur Lagerung, Ausstellung oder Auslieferung unterhalten werden;

(c) Bestände von Gütern oder Waren des Unternehmens, die ausschließlich zu dem Zweck unterhalten werden, durch ein anderes Unternehmen bearbeitet oder verarbeitet zu werden;

(d) eine feste Geschäftseinrichtung, die ausschließlich zu dem Zweck unterhalten wird, für das Unternehmen Güter oder Waren einzukaufen oder Informationen zu beschaffen;

(e) eine feste Geschäftseinrichtung, die ausschließlich zu dem Zweck unterhalten wird, für das Unternehmen zu werben, Informationen zu erteilen, wissenschaftliche Forschung zu betreiben oder ähnliche Tätigkeiten auszuüben, die vorbereitender Art sind oder eine Hilfstätigkeit darstellen.

(4) Ist eine Person — mit Ausnahme eines unabhängigen Vertreters im Sinne des Absatzes 5 — in einem Vertragsstaat für ein Unternehmen des anderen Vertragstaates tätig, so gilt eine in dem erstgenannten Staat gelegene Betriebstätte als gegeben, wenn die Person eine Vollmacht besitzt, im Namen des Unternehmens Verträge abzuschließen, und die Vollmacht in diesem Staat gewöhnlich ausübt, es sei denn, daß sich ihre Tätigkeit auf den Einkauf von Gütern oder Waren für das Unternehmen beschränkt.

(5) Ein Unternehmen eines Vertragstaates wird nicht schon deshalb so behandelt, als habe es eine Betriebstätte in dem anderen Vertragstaat, weil es dort seine Tätigkeit durch einen Makler, Kommissionär oder einen anderen unabhängigen Vertreter ausübt, sofern diese Personen im Rahmen ihrer ordentlichen Geschäftstätigkeit handeln.

(6) Allein dadurch, daß eine in einem Vertragstaat ansässige Gesellschaft eine Gesellschaft beherrscht oder von einer Gesellschaft beherrscht wird,

die in dem anderen Vertragstaat ansässig ist oder dort (entweder durch eine Betriebstätte oder in anderer Weise) ihre Tätigkeit ausübt, wird eine der beiden Gesellschaften nicht zur Betriebstätte der anderen.

Ausgleichung der DBest. im Wohnsitzstaat
Art. 23 (auszugsweise)

(1) Bei einer in der Bundesrepublik ansässigen Person wird die Steuer wie folgt festgesetzt:

(a) Von der Bemessungsgrundlage der deutschen Steuer werden die Einkünfte aus Quellen innerhalb Spaniens ausgenommen, die nach diesem Abkommen in Spanien besteuert werden können, es sei denn, daß Buchstabe (b) anzuwenden ist. Die Bundesrepublik behält aber das Recht, die auf diese Weise ausgenommenen Einkünfte und Vermögensteile bei der Festsetzung des Steuersatzes zu berücksichtigen.

Erläuterungen

Zu Abs. 1

40 Gem. Art. 7 können gewerbliche Einkünfte von dem Vertragsstaat besteuert werden, in dessen Hoheitsgebiet sich eine Betriebstätte (BS) eines Unternehmens befindet. Wegen dieser Bedeutung ist diesem Teil des Unternehmenstatbestandes des Art. 7 ein eigener Artikel gewidmet worden. Da die sachliche Zuordnung der Gewinne aus Seeschiffahrt und Luftfahrt (Art. 8 DBA) nicht an das Vorliegen einer BS anknüpft, gilt der Art. 5 nicht im Rahmen des Art. 8.

41 BS ist nach dem Sprachgebrauch des Art. 5 die feste Geschäftseinrichtung des Abs. 1 (mit dem positiven und negativen Regelkatalog der Abs. 2 und 3) und der Vertreter eines Unternehmens gem. Abs. 4 (mit dem negativen Regelkatalog des Abs. 5), beide Formen abgegrenzt von dem Sonderfall des verbundenen Unternehmens (Abs. 6).

42 Der Begriff „feste Geschäftseinrichtung" ist nicht durch einen Rückgriff auf das nationale Steuerrecht, sondern aus sich selbst heraus auszulegen. Eine Geschäftseinrichtung umfaßt alle dem Betrieb dienenden Sachen, u. U. sogar nur eine Sache (RFH RStBl. 1935, 840/841). Sie ist „fest", wenn sie mit dem Boden verbunden ist, z. B. auch eine mit dem Meeresboden verbundene Bohrinsel.

Es ist unbeachtlich, ob sie im Eigentum des Unternehmens steht. Die Verfügungsmacht reicht aus, d. h. die Möglichkeit, andere Personen, sei es durch Mietvertrag oder eine andere Form der Nutzungsüberlassung — von der Nutzung der Sache auszuschließen. Bloße Zurverfügungstellung oder bloßes Vertretungsrecht von Räumlichkeiten reicht nicht aus (BFH BStBl. 1962 II, 227/228). Zur BS bei: gemieteten oder unentgeltlich überlassenen Räumlichkeiten — BFH BStBl. 1982 II, 624; einer Wohnung eines Angestellten — BFH BStBl. 1978 II, 205; Dienstleistungen in den Räumen eines inländischen Arbeitgebers — Hessisches FG EFG 73, 496; Dienstleistungen in den Räumen inländischer Arbeitgeber, insbesondere durch ausländische Beraterfirmen — FinMin Niedersachsen, Erlaß vom 14. 10. 1982 — S 1301 — 14-332. 43

Es muß sich um eine „Tätigkeit" und nicht um einen bloßen Vorgang handeln (z. B. nicht das Transportieren von Öl durch Pipelines — BFH BStBl. 1978 II, 111/112). Auf eine aktive oder passive Tätigkeit i. S. v. § 8 AStG kommt es nicht an. Die Tätigkeit muß auf Dauer (m. E. gilt die der Montagen, s. unten) geplant sein und sich „in der" (nicht „durch die") Geschäftseinrichtung vollziehen (MA-Komm. 77 zu Art. 5 Ziff. 6, 7), d. h. die bloße Vermietung von Grundstücken macht diesen Vorgang noch nicht zu einer BS (BFH BStBl. 1959 III, 133/34). 44

Da die Tätigkeit in der Geschäftseinrichtung ausgeübt werden muß, entsteht und endet die BS mit dem Erwerb oder der Beendigung der Verfügungsmacht über die feste Einrichtung. 45

Zu Abs. 2

Als Regelbeispiele ohne abschließenden Charakter („insbesondere") werden genannt: 46

a) „Ort der Leitung": Das Unternehmen muß von einer Geschäftseinrichtung durch für das ganze Unternehmen bedeutsame Entscheidungen von einem Ort geleitet werden (RFH RStBl. 1936, 804/805). Koordinierungs- und Kontrollstellen ausländischer Konzerne begründen regelmäßig eine BS (Schreiben des BFM vom 24. 8. 84, BStBl. 1984 I, 458).

b) „Zweigniederlassung": Es gilt der handelsrechtliche Begriff des § 13 HGB.

c) „Geschäftsstelle": Es handelt sich um eine Verwaltungseinrichtung, die keine der in Abs. 3 genannten Hilfstätigkeiten ausüben darf.

d) „Bauausführungen": Es handelt sich z. B. um die Erstellung von Bauwerken, Bau von Straßen, Brücken, Kanälen, Legen von Rohrleitungen,

Planungs- und Überwachungsarbeiten durch den Unternehmer selbst, also keine reine Bauplanung oder -überwachungsarbeiten (so MA-Komm. zu Art. 5 Ziff. 16).

„Montage": Es handelt sich um den Zusammen- oder Umbau von vorgefertigten Einzelteilen (BStBl. 1979 II, 527/528) oder deren Instandsetzung, sofern es sich nicht um ein Bauwerk handelt.

Die Frist beginnt bei Bauausführung und Montage mit den vorbereitenden Tätigkeiten (nicht unbedingt an Ort und Stelle) und endet mit den Abschlußarbeiten (z. B. Funktionsüberprüfung). Die Zeiten für verschiedene Bauausführungen oder Montagen, die sachlich zusammenhängen, sind zusammenzuzählen. Personen- oder betriebsbedingte Unterbrechungen (z. B. Urlaubszeit, schlechte Witterung) sind in die Frist einzubeziehen. Abschn. 24 (3) GewStR kann entsprechend angewandt werden.

Zu Abs. 3

47 Allen hier genannten, wegen Ziff. e) nicht abschließend aufgeführten Tätigkeiten ist gemein, daß sie nur vorbereitender Art sind oder Hilfstätigkeiten darstellen. „Ähnliche Tätigkeiten" i. S. v. Ziffer e) kann z. B. das Verwerten von gewerblichen Schutzrechten oder Know-how sein, jedoch nicht eine Kundendienstorganisation (MA-Komm. 77 zu Art. 5 Ziff. 20 ff.). Explorationen durch das Unternehmen zählen zu den vorbereitenden Tätigkeiten, sofern sie nicht von Schiffen ausgeführt werden (es gilt die Zuweisung zu dem Staat der Schiffsflagge) oder einem darauf spezialisierten Dritten (s. Rdn. 64). Kontroll- und Koordinierungsstellen sind Betriebstätten (s. Rdn. 63). Ausländische Redaktionsaußenstellen von Tageszeitungen sind ebenfalls Betriebstätten, wenn mit ihrer Hilfe nicht nur Informationen beschafft, sondern zusätzlich übersetzt und/oder druckfertig in Form von z. B. Kommentaren oder Nachrichten ausgewertet werden (BFH v. 23. 1. 1985 I R 292/81 — FR 1985, 389).

Zu Abs. 4

48 Der „Vertreter" darf nicht „unabhängig" i. S. des deutschen Arbeitsrechtes sein und muß Abschlußvertreter sein. Die Abschlußvollmacht wird „gewöhnlich" ausgeübt, wenn sie mehr als einmal benutzt wird. Der Vertreter als Person kann beliebig oft ausgewechselt werden. Bis auf den „Einkauf von Gütern und Waren" kann er auch Tätigkeiten i. S. v. Abs. 3 übernehmen, ohne daß dies für die Qualifizierung des Vertreters als BS des im an-

deren Vertragsstaat ansässigen Unternehmens schädlich und die Anbindung an eine feste Geschäftseinrichtung notwendig ist. Ständiger Vertreter kann auch der Vorstand einer Aktiengesellschaft oder der Geschäftsführer einer GmbH sein, die wie ein ständiger Vertreter tätig wird.

Zu Abs. 5

Ein Kommissionär, Makler oder anderer unabhängiger Vertreter kann 49
dann Vertreter sein, wenn er Tätigkeiten des Unternehmens ausübt, die nicht in den eigenen Geschäftsbereich fallen. Dies liegt vor, wenn die fragliche Tätigkeit nach der Verkehrsanschauung innerhalb des jeweiligen Berufsbildes liegt und dem gegenwärtigen Aufgabenbereich des betreffenden Geschäftsbereiches entspricht (BFH BStBl. 1984 II, 96).

Zu Abs. 6

Mit dieser Regelung wird die Auffassung des Reichsgerichts von der Toch- 50
tergesellschaft als Filiale der Muttergesellschaft abgelehnt. Sie kann aber dann Vertreterin der Mutter i. S. v. Abs. 4 werden, wenn sie durch außergesellschaftliche Vereinbarungen Tätigkeiten für die Mutter ausüben. Als Grundsatz gilt aber, daß selbständige Unternehmen keine BS sind (inzident BFH BStBl. 1983 II, 77).

6. Einkünfte aus unbeweglichem Vermögen — Art. 6

(1) Einkünfte aus unbeweglichem Vermögen können in dem Vertragstaat besteuert werden, in dem dieses Vermögen liegt.

(2) Der Ausdruck „unbewegliches Vermögen“ bestimmt sich nach dem Recht des Vertragstaates, in dem das Vermögen liegt. Der Ausdruck umfaßt in jedem Fall das Zubehör zum unbeweglichen Vermögen, das lebende und tote Inventar land- und forstwirtschaftlicher Betriebe, die Rechte, auf die die Vorschriften des Privatrechts über Grundstücke Anwendung finden, die Nutzungsrechte an unbeweglichem Vermögen sowie die Rechte auf veränderliche oder feste Vergütung für die Ausbeutung oder das Recht auf Ausbeutung von Mineralvorkommen, Quellen und anderen Bodenschätzen; Schiffe und Luftfahrzeuge gelten nicht als unbewegliches Vermögen.

(3) Absatz 1 gilt für Einkünfte aus der unmittelbaren Nutzung, der Vermietung oder Verpachtung sowie jeder anderen Art der Nutzung unbeweglichen Vermögens.

(4) Die Absätze 1 und 3 gelten auch für Einkünfte aus unbeweglichem Vermögen eines Unternehmens und für Einkünfte aus unbeweglichem Vermögen, das der Ausübung eines freien Berufes dient.

Ausgleichung der DBest. im Wohnsitzstaat
Art. 23 (auszugsweise)

(b) Auf die deutsche Steuer von den nachstehenden aus Spanien stammenden Einkünften wird die spanische Steuer angerechnet, die nach diesem Abkommen gezahlt worden ist von

(ee) Einkünften aus unbeweglichem Vermögen oder diesem Vermögen selbst, sofern dieses Vermögen nicht zu einer in Spanien gelegenen Betriebstätte tatsächlich gehört.

Erläuterungen

Zu Abs. 1

51 Art. 6 Abs. 1 gilt für land- und forstwirtschaftliche Einkünfte sowie für alle anderen Einkünfte privater, gewerblicher oder freiberuflicher Art. Nach dem Erlaß des FinMin NW v. 17. 7. 1972 S 1310 — 6 — VB 2 gilt die Vereinbarung zwischen Spanien und dem deutschen Reich über die Steuerbefreiung von konsularischen Grundstücken der Vertragsparteien weiter.

Zu Abs. 2

52 Der Begriff „unbewegliches Vermögen" ist nach dem Recht des Belegenheitsstaates auszulegen (BFH BStBl. 1982 II, 768—770). In Spanien gelten als unbewegliches Vermögen gem. Art. 334 ff. Codigo civil (CC) u. a.:

- Grund und Boden, Bauwerke jeder Art, die mit dem Boden verbunden sind; alles, was mit einem unbeweglichen Gegenstand verbunden ist, so daß es von ihm nicht ohne Zerbrechen des Stoffes oder ohne Beschädigung des Gegenstandes getrennt werden kann,
- Maschinen und sonstige Gegenstände, die vom Eigentümer des Hofes für den Betrieb oder die Ausbeutung bestimmt sind, die in einem Gebäude

oder auf einem Grundstück betrieben werden und dazu dienen, den Erfordernissen der Ausbeutung nachzukommen,

- die Konzessionen der Verwaltungsbehörden zu öffentlichen Werken sowie die Dienstbarkeiten und die übrigen dinglichen Rechte an Grundstükken.

Als bewegliches Vermögen gelten gem. Art. 335 CC im allgemeinen die Güter, die ohne Beschädigung der unbeweglichen Sache, mit der sie verbunden sind, von einem Ort zum anderen geschafft werden. 53

Zum „Zubehör" i. S. v. Art. 6 DBA gehören in Spanien gem. Art. 335 CC alle vom Eigentum abgeleiteten Rechte, nämlich das Recht auf alles, was die Güter hervorbringen, natürliche Früchte, Sach- und Rechtsfrüchte, oder was mit ihnen so verbunden ist, daß aus zwei Sachen eine einzige Sache wird, d. h. eine andere Sache gem. Art. 375, 376 CC nur zum Schmuck, Gebrauch oder der Vervollkommnung des unbeweglichen Vermögens als Hauptsache verbunden ist. 54

Als dingliche Rechte an Grundstücken gelten in Spanien alle Rechte, die im Grundstück eingetragen werden können, nämlich: Dienstbarkeiten (Art. 530 ff. CC), Nießbrauch (Art. 467 ff. CC), dingliches Nutzungsrecht (Art. 523 ff. CC), dingliches Wohnrecht (Art. 523 ff. CC), Erbbaurecht (Dekret vom 17. 3. 1959 und Bodengesetz vom 12. 5. 1956), Erbpacht- und Reallast (Art. 1604 ff. CC), Wohnungseigentum (Gesetz vom 21. 6. 1960), Optionsrecht (Art. 14 RH), Vormerkung (Art. 129 RH), Vorkaufs- und Rückkaufsrecht (Art. 1255, 1508 ff. CC). 55

Die Hypothek als bloßes Sicherungsrecht qualifiziert die zu sichernde Forderung und deren Zinsen noch nicht in unbewegliches Vermögen um; es gilt vielmehr der Zinsartikel 11 DBA (so auch FinMin NW v. 7. 8. 1969 — S 1301 — Span — VB 1). Anders ist es jedoch bei dem dinglichen Nutzungspfandrecht (Art. 1881 CC — die im deutschen Recht nicht bekannte sog. Antichrese), bei der der Gläubiger das Recht erwirbt, die Früchte des Grundstücks mit der Maßgabe zu erhalten, sie auch zur Zahlung der fälligen Zinsen und der Hauptforderung anzurechnen. Diese Zinsen sind wie Erträge eines Nießbrauches zu behandeln und der spanischen Besteuerung zu unterwerfen. 56

Zum unbeweglichen Vermögen gehört auch das Entgelt aus der Übertragung einer Konzession zur Ausbeute von Bodenschätzen, während der Konzessionär seinerseits gewerbliche Einkünfte aus Art. 7 DBA erzielt. 57

Zu Abs. 3

58 Der Begriff „Vermietung und Verpachtung“ ist nach nationalem Steuerrecht auszulegen. Dazu gehört jede Art von Nutzung von Grundvermögen, z. B. Einkünfte aus Sicherheitsleistungen, Abfindungen für Rechte aus Pachtverträgen (BFH BStBl. 1982 II, 566/567), Nutzung durch den Eigentümer (die bloße Nutzungsmöglichkeit reicht ebenfalls aus, BFH BStBl. 1980 II, 447/448). Dazu gehören auch alle vorbereitenden, nachträglichen und vergeblichen Ausgaben.

7. Einkünfte aus Gewerbebetrieb — Art. 7

(1) Gewinne eines Unternehmens eines Vertragstaates können nur in diesem Staat besteuert werden, es sei denn, daß das Unternehmen seine Tätigkeit im anderen Vertragstaat durch eine dort gelegene Betriebstätte ausübt. Übt das Unternehmen eine Tätigkeit in dieser Weise aus, so können die Gewinne des Unternehmens in dem anderen Staat besteuert werden, jedoch nur insoweit, als sie dieser Betriebstätte zugerechnet werden können.

(2) Übt ein Unternehmen eines Vertragstaates seine Tätigkeit in dem anderen Vertragstaat durch eine dort gelegene Betriebstätte aus, so sind in jedem Vertragstaat dieser Betriebstätte die Gewinne zuzurechnen, die sie hätten erzielen können, wenn sie eine gleiche oder ähnliche Tätigkeit unter gleichen oder ähnlichen Bedingungen als selbständiges Unternehmen ausgeübt hätte und im Verkehr mit dem Unternehmen, dessen Betriebstätte sie ist, völlig unabhängig gewesen wäre.

(3) Bei der Ermittlung der Gewinne einer Betriebstätte werden die für diese Betriebstätte entstandenen Aufwendungen, einschließlich der Geschäftsführungs- und allgemeinen Verwaltungskosten, zum Abzug zugelassen, gleichgültig, ob sie in dem Staat, in dem die Betriebstätte liegt, oder anderswo entstanden sind.

(4) Soweit es in einem Vertragstaat üblich ist, die einer Betriebstätte zuzurechnenden Gewinne durch Aufteilung der Gesamtgewinne des Unternehmens auf seine einzelnen Teile zu ermitteln, schließt Absatz 2 nicht aus, daß dieser Vertragstaat die zu besteuernden Gewinne nach der üblichen Aufteilung ermittelt; die Art der angewendeten Gewinnaufteilung muß jedoch so sein, daß das Ergebnis mit den Grundsätzen dieses Artikels übereinstimmt.

(5) Auf Grund des bloßen Einkaufs von Gütern oder Waren für das Unternehmen wird einer Betriebstätte kein Gewinn zugerechnet.

(6) Bei Anwendung der vorstehenden Absätze sind die der Betriebstätte zuzurechnenden Gewinne jedes Jahr auf dieselbe Art zu ermitteln, es sei denn, daß ausreichende Gründe dafür bestehen, anders zu verfahren.

(7) Gehören zu den Gewinnen Einkünfte, die in anderen Artikeln dieses Abkommens behandelt werden, so werden die Bestimmungen jener Artikel durch die Bestimmungen dieses Artikels nicht berührt.

Ausgleichung der DBest. im Wohnsitzstaat
Art. 23 (auszugsweise)

(1) Bei einer in der Bundesrepublik ansässigen Person wird die Steuer wie folgt festgesetzt:

(a) Von der Bemessungsgrundlage der deutschen Steuer werden die Einkünfte aus Quellen innerhalb Spaniens ausgenommen, die nach diesem Abkommen in Spanien besteuert werden können, es sei denn, daß Buchstabe (b) anzuwenden ist. Die Bundesrepublik behält aber das Recht, die auf diese Weise ausgenommenen Einkünfte und Vermögensteile bei der Festsetzung des Steuersatzes zu berücksichtigen.

Erläuterungen

Zu Abs. 1

59 Grundregel ist, daß die in einem Vertragsstaat ansässige (zum Begriff, s. Art. 4 Rdn. 31 ff.) Person (zum Begriff s. Art. 3 Abs. 1e, f), die ein „Unternehmen" (zum Begriff s. Art. 3 Abs. 1g) betreibt, die Gewinne bzw. Verluste in dem Wohnsitzstaat zu versteuern hat. Ausnahmsweise werden jedoch die Gewinne, die einer in dem anderen Vertragsstaat belegenen BS zuzurechnen sind, in dem Betriebstättenstaat versteuert. Zur Gewinnberichtigung zwischen verbundenen selbständigen Unternehmen, s. Art. 9; zur Versteuerung von Gewinnen aus Seeschiffahrt und Luftfahrt, s. Art. 8.

60 In jedem Fall muß es sich um eine Unternehmenstätigkeit handeln. Basisgesellschaften können darum ebensowenig zu einer Besteuerung im Wohn-

sitzstaat solcher Gebilde führen wie sonstige Gestaltungen i. S. v. § 42 AO; zur Beurteilung gelten die Kriterien des nationalen Steuerrechtes (BFH BStBl. 1977 II, 268/269). Als Unternehmenstätigkeit gilt nach dem MA-Komm. zu Art. 7 Ziff. 1 die gewerbliche Tätigkeit. Gewerbliche Tätigkeit ist — aus der Gesamtschau aller DBA-Art. gesehen — jede selbständige Tätigkeit, die über den Rahmen der Vermögensverwaltung hinausgeht und nicht unter Art. 6 und Art. 14 einzuordnen ist.

61 Der Beteiligte an einer gewerblichen deutschen Personengesellschaft betreibt ebenso ein Unternehmen wie der Beteiligte an einer gewerblichen spanischen juristischen Person, die für die Besteuerung nach dem Konzept der Durchgriffsbesteuerung optiert hat. Sondervergütungen eines Mitunternehmers sind aber Einnahmen des Gesellschafters i. S. v. z. B. Art. 6, 10—12, 15, da es für die abkommensrechtliche Qualifikation der Einkünfte nicht auf den bloßen Zufluß bei dem Mitunternehmer, sondern die Art der Einkünfteerzielung ankommt (s. auch Art. 6). Bei den Sondervergütungen zwischen Gesellschafter und Personengesellschaft können sich zwischen dem deutschen und dem spanischen Steuerrecht Qualifikationskonflikte ergeben, da das spanische Steuerrecht keine dem § 15 Abs. 1 Nr. 2 2. Halbsatz EStG vergleichbare Regelung kennt. Solche Qualifikationskonflikte sind so zu lösen, daß die Qualifikation des ausländischen Rechtsträgers in dem Staat seines Sitzes oder der Geschäftsleitung maßgebend ist (so für den Fall der belgischen GmbH, deren Gesellschafter für die Besteuerung als Personengesellschafter optieren — Schreiben des BMF v. 15. 5. 1981 IV C 5 — S 1301 Bel — 21/81). Die auch in Spanien mögliche Option der Gesellschafter von Kapitalgesellschaften für eine Besteuerung ihrer Einkünfte im Rahmen der Einkommensteuer ist bedeutungslos, da Gesellschaften mit Steuerausländern nach spanischem Steuerrecht nicht optieren dürfen. Einkünfte aus spanischen stillen Beteiligungen können nicht in atypisch stille Beteiligungen umqualifiziert werden, da es die atypisch stille Beteiligung im spanischen Recht nicht gibt. Es gilt vielmehr nur der Art. 10 Abs. 4 für die Anwendung des DBA.

62 Wird ein Unternehmen für eine Betriebstätte im anderen Vertragstaat tätig, sind die Gewinne zwischen Stammhaus und BS aufzuteilen. Der BS sind die von ihr wirtschaftlich verursachten Gewinne/Verluste ohne Rücksicht darauf „zuzurechnen", wo sie angefallen und ob sie gebucht sind (Hessisches FG EFG 84, 36). Ihr werden auch die Gewinne/Verluste zugerechnet, die sich aus den mit der BS zusammenhängenden Tätigkeiten vorbereitender oder nachträglicher Art ergeben, selbst wenn es sich um gescheiterte Betriebstättengründungen handelt (BFH BStBl. 1983 II, 566,

569/570). Bei Umwandlung einer Repräsentanz (die keine BS ist) in eine BS sind auch die in vorhergehenden Wirtschaftsjahren angefallenen Aufwendungen der Repräsentanz als vorbereitende Aufwendung der BS (sog. Vorlaufkosten) im Zeitpunkt ihrer Entstehung zu erfassen. Nach welchen Kriterien der Betriebstätte die Gewinne zugerechnet werden, ergibt sich im einzelnen aus den Absätzen 2—6.

Zu Abs. 2

Die Gewinne werden grundsätzlich nach dem Maßstab des Fremdvergleiches (sog. „Dealing at arm's-length Prinzip“) zwischen BS und Haupthaus aufgeteilt. Da aber die deutsche Finanzverwaltung und Rechtsprechung der Theorie der eingeschränkten Selbständigkeit der Betriebstätte folgen, werden Verträge zwischen Betriebstätte und Haupthaus (z. B. Miet-, Pacht-, Lizenzverträge) nicht anerkannt (BFH BStBl. 1966 II, 24, 27). Verrechnet werden nur die Kosten (s. u.); eine Ausnahme gilt nur für die Bankbetriebstätten hinsichtlich der Zinsverrechnung (MA-Komm., Art. 7 Ziff. 17). Dabei kommt es für das Betriebstättenergebnis allein auf den jeweiligen wirtschaftlichen Beitrag von Haupthaus und BS an und für die Zuordnung der Wirtschaftsgüter darauf, ob sie der Betriebstätte dienen. 63

Zur Ermittlung des Dotationskapitals zum Zweck der Aufteilung des nicht zuordnenbaren Schuldblockes ist von den Steuerbilanzwerten oder — bei falschen Ergebnissen — von den tatsächlichen Werten auszugehen. Das Dotationskapital ist an jedem Bilanzstichtag jeweils erneut zu errechnen (überschüssige Mittel — Wertpapiere, flüssige Mittel — sind im Zweifel dem Stammhaus zuzuordnen — bei Montagebetriebstätten in jedem Fall). Bei Aufteilung des nicht zuordnenbaren Schuldblockes (Schuldzinsen und Schuldabzug) durch Festlegung eines an jedem Bilanzstichtag neu nach den Steuerbilanz- oder tatsächlichen Werten zu ermittelnden Dotationskapitals der BS muß dem Stammhaus und der BS noch eine ihrer Unternehmensstruktur angemessene Eigenkapitalausstattung verbleiben; für Zwecke der Vermögensteuer kann bei Anwendung der Kapitalspiegelmethode auch eine Zuordnung nach dem Verhältnis vom Rohvermögen der BS zum Gesamtvermögen des Unternehmens erfolgen, unter Umständen kann auch das Stuttgarter Verfahren gewählt werden. Der BFH (BStBl. 1966 III, 24) läßt die Kapitalspiegelung zu. Diese Methode ist jedoch m. E. rechtlich zweifelhaft, weil die Gesamtfinanzierung des Unternehmens nicht zwangsläufig eine spiegelbildliche Kapitalausstattung der BS erfordert.

Eine Aufteilung eines Wirtschaftsgutes zwischen Betriebstätte und Haupthaus kommt nicht in Betracht (für bewegliche Wirtschaftsgüter BFH BStBl. 1964 III, 456, für Anteile an Kapitalgesellschaften, BFH BStBl. 1976 II, 190). Wegen Festgeld- und Verrechnungskosten, s. FG Niedersachsen EFG 1970, 593. Zur Berücksichtigung eines passiven Verrechnungssaldos einer inländischen Niederlassung einer ausländischen Bank als Verbindlichkeit, siehe FG Düsseldorf, EFG 1983, 105.

Ingenieursleistungen des Anlagenbaus sind dem Haupthaus zuzuordnen, wenn sie im Rahmen eines dem Haupthaus erteilten Gesamtauftrages erbracht werden; ansonsten gelten sie als ausländische Einkünfte (Verfügung der OFDen Freiburg, Karlsruhe, Stuttgart vom 25. 4. 72, DStZ/E 1972, 269). Werden im Rahmen des Anlagenbaus Maschinenteile nach Spanien geliefert und die Anlageerrichtung auf Wunsch des Kunden unterbrochen, kann zu Lasten des (mangels einer BS in Spanien) in der Bundesrepublik Deutschland zu erfassenden Teilergebnisses eine Verlustrückstellung gebildet werden, die mit späteren Gewinnen der BS verrechnet wird. Das Teilergebnis ist insoweit als vorweggenommenes Betriebsergebnis der BS anzusehen. Nicht durch auftragsbezogene Aufwendungen verbrauchte Anzahlungen eines ausländischen Auftraggebers für eine durch die ausländische BS zu errichtende Anlage sind der BS mit der Folge zuzuordnen, daß bei ihr auch ein Zinsertrag für die Weiterleitung der Anzahlung an das Stammhaus anzusehen ist. Bei Bau- und Montagebetriebstätten lassen sich die Kosten wie folgt auf das Stammhaus und die BS verteilen:

a) Stammhaus: Dem Auftrag zuordnenbare Kosten der Aktivpositionen, Planungskosten des Stammhauses, vom Stammhaus beschafftes Montagegut, nicht auf die Dauer der BS begrenzte Lizenzgebühren, Versicherungsprämien und Leistungen des Stammhauses,

b) Betriebstätte: restliche Leistungen, d. h. von ihr beschafftes Montagegut, Planungskosten der BS, eigene und fremde Montagekosten, auf die Dauer der BS entfallene Bauzinsen, sonstige Leistungen der BS.

Die von Kontroll- und Koordinierungsbüros durchgeführten Tätigkeiten, auch wenn sie mit der Wahrnehmung der Gesellschafterfunktion und Aufsichtsrattätigkeiten bei Tochtergesellschaften stehen, führen nicht zu einer Zurechnung der Wirtschaftsgüter der Konzernmutter (Anteile an Tochtergesellschaften, Patente, Darlehen) und daraus fließenden Einkünften auf die BS (es besteht die Möglichkeit der Ermittlung des Betriebstättengewinns nach der Kostenaufschlagsmethode mit einem Aufschlag von 5—10 %).

Die deutsche Finanzverwaltung orientiert sich entgegen BFH (BStBl. 1970 II, 175; 1972 II, 760) und den EStR an dem Urteil des Hessischen FG, wonach die bei der Überführung von Wirtschaftsgütern im Zeitpunkt des Grenzübertrittes vorhandenen stillen Reserven von dem Haupthaus in dem Maße realisiert werden, wie sie die Betriebstätte realisiert (EFG 1977, 608). Dies basiert auf dem allgemeinen Grundsatz, daß unternehmensinterne Leistungen und Lieferungen zeitlich erst dann realisiert werden, wenn sie für das Gesamtunternehmen realisiert wurden. Für die Ermittlung des Verrechnungspreises wird auf Art. 9 verwiesen. 64

Haben unternehmensinterne Dienstleistungen überhaupt keine Außenwirkungen, werden die Aufwendungen demjenigen belastet, in dessen Interesse sie gemacht wurden. So werden Assistenz- und Managementkosten (= Einzel- und Gemeinkosten nach MA-Komm. 1977 zu Art. 7 Ziff. 2) i. d. R. der BS und Kontrolleistungen i. d. R. dem Stammhaus belastet. Ein Gewinnaufschlag ist nicht anzuerkennen, es sei denn, es handelt sich um Dienstleistungen von darauf spezialisierten Dienstleistungsbetrieben (Vogel, Art. 7 Rz. 97); m. E. ist jedoch bei Anwendung des Fremdvergleiches von Entgeltlichkeit auszugehen. 65

Die spanische Finanzverwaltung orientiert sich bei der Gewinnaufteilung an dem OECD-Kommentar (J. R. Fernandez Perez, in: Estudios de doble Imposicion International, S. 129). 66

Zu Abs. 3 und 4

Der Grundsatz des „Arm's-length-Prinzip" wird durch die Erläuterung der Art und Weise der Gewinnermittlung ergänzt. Danach soll nach Abs. 3 der Gewinn durch die sog. direkte Methode (Regelfall) oder nach Abs. 4 durch die sog. indirekte Methode ermittelt werden. Nach der direkten Methode wird der Gewinn der Betriebstätte aufgrund der Betriebstättenbuchführung ermittelt, während bei der indirekten Methode der Gewinn des Unternehmens nach bestimmten Schlüsseln (Umsatz, Löhne usw.) auf Stammhaus und BS aufgeteilt wird. In Spanien sind die Gewinnermittlungsvorschriften für eine BS auf die direkte Methode zugeschnitten (so: Juan Peñalosa in: Estudios de doble Imposicion International, S. 237), obwohl auch für die indirekte Methode die Rechtsgrundlagen vorhanden sind (allerdings ohne die für diese Unitary Tax-Besteuerung notwendigen Ausführungsbestimmungen). 67

Zu Abs. 7

68 Dieser Absatz stellt lediglich klar, daß die Einnahmen eines Unternehmens aus dem anderen Vertragsstaat, die nicht solche der Betriebstätte sind, nicht deshalb als gewerbliche Einkünfte angesehen werden, weil sie einem Unternehmen zufließen. Abkommensrechtlich sind sie vielmehr nach der Art ihrer Erzielung zu qualifizieren (z. B. als Dividenden, Lizenzen usw.). Soweit sie jedoch einer BS wirtschaftlich zuzuordnen sind (d. h. bei innerem Zusammenhang zwischen Betriebstättentätigkeit und z. B. Beteiligung, Lizenz, Darlehen, s. auch Art. 10 Abs. 5, 11 Abs. 5, Art. 12 Abs. 4 = „tatsächlich gehört"), sind sie auch dann als gewerbliche Einkünfte zu qualifizieren, wenn sie aus Drittstaaten stammen; das gilt jedoch nicht, wenn der Steuerpflichtige im Quellenstaat der unbeschränkten Steuerpflicht unterliegt (Beispiel: Stammhaus in Spanien bezieht über eine deutsche BS Zinseinkünfte aus Spanien — so MA-Komm. 77 zu Art. 21 Ziff. 5). Kontroll- und Koordinierungsstellen (siehe Rdn. 54) werden keine Dividenden, Zinsen oder Lizenzgebühren der verwalteten Gesellschaft zugerechnet.

8. Gewinne aus Seeschiffahrt und Luftfahrt — Art. 8

Gewinne aus dem Betrieb von Seeschiffen oder Luftfahrzeugen im internationalen Verkehr können nur in dem Vertragstaat besteuert werden, in dem sich der Ort der tatsächlichen Geschäftsleitung des Unternehmens befindet.

(h) der Ausdruck „Ort der tatsächlichen Geschäftsleitung eines Unternehmens" den Ort, an dem sich der Mittelpunkt der allgemeinen Geschäftsleitung befindet; befindet sich der Ort der tatsächlichen Geschäftsleitung eines Unternehmens der Seeschiffahrt an Bord eines Schiffes, so gilt er als in dem Vertragstaat gelegen, in dem der Heimathafen des Schiffes liegt, oder, wenn kein Heimathafen vorhanden ist, in dem Vertragstaat, in dem die Person, die das Schiff betreibt, ansässig ist.

Begriffsbestimmungen — Art. 3 Abs. 1 (auszugsweise)

Erläuterungen

69 Art. 8 geht Art. 7 als Spezialvorschrift vor. Er gilt jedoch nicht für die Binnenschiffahrt; vielmehr ist Art. 7 anzuwenden.

Als Betrieb von Seeschiffen und Luftfahrzeugen ist der Transport von Personen und Gütern anzusehen. Dazu gehören auch Vorbereitungs- und Hilfstätigkeiten, z. B.: Kartenverkauf, Transport zwischen Lager und Hafen (nicht aber die Lagertätigkeit als solche), Wartung, Vercharterung (nicht Bare-Boat-Charter), gelegentliche Vermietung und Gestellung von Containern, Reklame und Werbung usw. 70

Internationaler Verkehr ist jede Beförderung mit einem Seeschiff oder Luftfahrzeug, das von einem Unternehmen mit tatsächlicher Geschäftsführung in einem Vertragsstaat betrieben wird, es sei denn, es wird ausschließlich zwischen Orten im anderen Vertragsstaat betrieben (Art. 3 Abs. 1b OECD-MA 1977). Wegen des Begriffs „tatsächliche Geschäftsführung", s. Art. 4 Rdn. 36. Wegen des Ortes der Geschäftsleitung an Bord, s. Art. 3 Abs. 1h. Bei Personengesellschaften zeigt sich, wie überflüssig der Art. 4 Abs. 4 ist, da auch ohne diese Ansässigkeitsfiktion die Gewinne nur in einem Vertragsstaat (nämlich dem der tatsächlichen Geschäftsleitung) besteuert werden können. 71

Art. 8 ist auch anzuwenden auf Gewinne aus der Zusammenarbeit von Unternehmen in Form von Pools, Betriebsgemeinschaften und internationalen Betriebsgesellschaften (MA-Komm. 63 zu Art. 8 Ziff. 10). 72

9. Verbundene Unternehmen — Art. 9

Wenn

(a) ein Unternehmen eines Vertragstaates unmittelbar oder mittelbar an der Geschäftsleitung, der Kontrolle oder am Kapital eines Unternehmens des anderen Vertragstaates beteiligt ist, oder

(b) dieselben Personen unmittelbar oder mittelbar an der Geschäftsleitung, der Kontrolle oder am Kapital eines Unternehmens eines Vertragstaates und eines Unternehmens des anderen Vertragstaates beteiligt sind,

und in diesen Fällen zwischen den beiden Unternehmen hinsichtlich ihrer kaufmännischen oder finanziellen Beziehungen Bedingungen vereinbart oder auferlegt werden, die von denen abweichen, die unabhängige Unternehmen miteinander vereinbaren würden, so dürfen Gewinne, die eines der Unternehmen ohne diese Bedingungen erzielt hätte, wegen dieser Bedingungen aber nicht erzielt hat, den Gewinnen dieses Unternehmens zugerechnet und entsprechend besteuert werden.

Erläuterungen

73 Gewinne zwischen verbundenen Unternehmen dürfen die Vertragsstaaten so besteuern, wie sie zwischen selbständigen Unternehmen entstanden wären. Art. 9 ist keine Rechtsgrundlage für eine Berichtigung (BFH BStBl. 1981 II, 517), schränkt aber die inländischen Berichtigungsvorschriften ein.

74 Fehlen Marktpreise für die Überprüfung der Marktüblichkeit einer Leistung, kann unter Berücksichtigung der Funktionen der einzelnen verbundenen Unternehmen die Wiederbeschaffungs- oder Kostenaufschlagsmethode (vgl. hierzu IWB F.3 Gr. 1 S. 589) angewandt werden (siehe im einzelnen die Verwaltungsgrundsätze, BStBl. 1983 I, 218). Bei der Anwendung der Kostenaufschlagsmethode ist es im allgemeinen üblich, über den Verrechnungspreis die direkten Kosten und die anteiligen Fertigungs-, Verwaltungs- und Vertriebskosten der gesamten Produktpalette zugrundezulegen. Die Palettenbetrachtung läßt bei den einzelnen Produkten eine Kostenunterdeckung zu. Bei nicht überwiegend im Exportgeschäft tätigen Unternehmen, die in ihrem Exportgeschäft lediglich eine zusätzliche Möglichkeit der Kostendeckung und der Auslastung der inländischen Kapazitäten sehen (Deckungsbeitrag), können die Verrechnungspreise im allgemeinen auf die direkten Kosten begrenzt werden; dies gilt auch für Fälle der Markterschließung.

Lizenz-, Bürgschafts- und Dienstleistungsvergütungen sind abzugsfähig, sofern den Begünstigten in ihrem Interesse ein Vorteil zugewendet wird, wobei sich die Höhe der Vergütungen bei fehlenden Marktpreisen an den Einzel- und Gemeinkosten des Leistenden einschließlich eines branchen- oder betriebsüblichen Gewinnaufschlages orientiert. Kosten einer Werbemaßnahme sind üblicherweise von demjenigen zu tragen, für dessen Aufgabenbereich geworben wird. Kosten der Markterschließung werden von Vertriebsunternehmen i. d. R. nur soweit getragen, als ihnen aus der Geschäftsverbindung ein angemessener Restgewinn verbleibt. Anlaufkosten aus Betriebsneugründungen, wesentlichen Erweiterungsmaßnahmen und Umgründungen werden von diesen Gesellschaften getragen.

Aufwendungen einer inländischen Muttergesellschaft für Arbeitnehmer, die zu einer ausländischen Tochtergesellschaft versetzt worden sind und in keinem Dienstverhältnis zur inländischen Muttergesellschaft mehr stehen, stellen grundsätzlich verdeckte Kapitaleinlagen dar. Soweit der versetzte Arbeitnehmer in seinem neuen Arbeitsverhältnis auch im betrieblichen Interesse der inländischen Muttergesellschaft tätig wird, kann bei Vorliegen der entsprechenden Voraussetzungen ein Vorteilsausgleich mit den Leistungen der Muttergesellschaft in Frage kommen. Es kommt entgegen BFH (BStBl. 1984 II, 535) nicht darauf an, ob zwischen Mutter und Tochter vertragliche Beziehungen des Inhalts bestehen, daß die Muttergesellschaft durch die Lohnzahlung eine Schuld der Tochter beglichen hat. Der ersetzte Arbeitnehmer wird im betrieblichen Interesse der inländischen Muttergesellschaft tätig, wenn er die Vertriebsinteressen der Muttergesellschaft durch besondere Leistungen (technische Beratung und Marketing) wahrnimmt oder im Rahmen eines Ausbildungsplanes für Nachwuchskräfte Auslandserfahrungen sammelt. Zu den besonderen Leistungen zählt nicht die bloße Vertrauensstellung des versetzten Arbeitnehmers zum inländischen Unternehmen. Der Umstand, daß das spanische Steuerrecht diese Aufwendungen ihrer Art nach nicht zuläßt, hat für die Frage, in wessen betrieblichem Interesse der versetzte Arbeitnehmer tätig ist und ob eine verdeckte Kapitaleinlage vorliegt, keine Bedeutung. Das deutsche Unternehmen, das allein wegen solcher Beschränkungen Aufwendungen übernommen hat, handelt der Sache nach für das spanische Unternehmen.

Bei Zinsen ist i.d.R. von den Zinssätzen auszugehen, zu denen Banken unter vergleichbaren Verhältnissen Kredite gewähren, und zwar bei Kreditgewährung in ausländischer Währung meist die Zinssätze im Währungsgebiet dieser ausländischen Währung; zu prüfen ist jedoch, ob die Kredite aus betrieblichen Gründen nicht zinslos oder ermäßigt erteilt werden müssen (z. B. bei Forderungen des Warenabsatzes eines Vertriebsunternehmens). Kostenumlageverträge für Forschung und Entwicklung sowie verwaltungsbezogene Leistungen (Aufgaben der Verwaltung, Management, Kontrolle, Beratung für den Gesamtkonzern o. ä.) sind handels- wie steuerrechtlich zu berücksichtigen; es können die umgelegten Vollkosten im Verhältnis der Umsätze der beteiligten Unternehmen angesetzt werden (nicht aber ein kostenunabhängiger Prozentsatz vom Umsatz); die Leistungen, für die die Kosten umgelegt werden, müssen unentgeltlich erbracht werden; bei fehlendem unternehmerischen Risiko wird ein Gewinnaufschlag auf die umgelegten Kosten nicht anerkannt (d. h. Gewinnaufschlag nur hinsichtlich der Kosten des direkt leistenden Unternehmens und bei geschäftsleitender Holding).

Einen Gewinnaufschlag auf Verwaltungsleistungen und Auftragsforschung lehnen die „Verwaltungsgrundsätze" für innerkonzernliche Leistungen zwar ab, doch wird man davon ausgehen können, daß ein Fremder im allgemeinen nicht ohne Gewinnerzielungsabsicht tätig sein wird. Die Höhe des Gewinnzuschlages richtet sich nach den jeweiligen Umständen (z. B. des Verwertungsrisikos bei der Forschung und Entwicklung), d. h. in Höhe einer angemessenen Kapitalverzinsung, angemessener Managementgebühren usw. Ein Preis-, Währungs- und Gewinnpool kann unter folgenden Voraussetzungen anerkannt werden: a) Vorliegen eines vorherigen, in sich ausgeglichenen Poolvertrages, der die Interessen der diesem Pool angehörigen Gesellschaften nach den Maßstäben des Fremdverhaltens berücksichtigt; b) der Poolvertrag muß wirtschaftlich begründet sein (z. B. Risikoausgleich) und tatsächlich vollzogen werden; c) der Poolvertrag wird von allen Staaten anerkannt, in deren Gebiet Gesellschaften ansässig oder tätig sind, die dem Pool angehören.

75 Dementsprechend ermittelte Gewinnminderungen werden nach Verrechnung mit einem damit verbundenen Vorteil dem benachteiligten Unternehmen als Gewinn zugerechnet (sei es als verdeckte Gewinnausschüttung, verdeckte Einlage oder aufgrund des § 1 AStG) und versteuert. Gegenberichtigungen nach dem Vorbild des Art. 9 Abs. 2 MA 77 sind nicht vorgesehen. Sie können von den betroffenen Unternehmen nur über eine Verständigungsvereinbarung gem. Art. 25 DBA oder in Zukunft (nach Eintritt Spaniens in die EG mit Wirkung v. 1. 1. 1986) nach der Transformation der EG-Richtlinie über das Schiedsverfahren (s. Art. 25 Rdn. 178) erreicht werden. Satzungs- und Steuerklauseln über die Grenze sind nach den für das Inland geltenden Grundsätzen anzuerkennen. Danach sind Rückzahlungen verdeckter Gewinnausschüttungen als verdeckte Kapitaleinlagen zu behandeln, auch wenn sie auf einer gesetzlichen Verpflichtung (§ 62 AktG, § 31 GmbHG) oder einer Vereinbarung (Satzungs- und Steuerklauseln) beruhen (BMF-Schreiben vom 6. 8. 1981, BStBl. I, 599), und gemäß Tz. 8.3.1 der „Verwaltungsgrundsätze“ als Kapitalrückführung anzusetzen oder mit dem Berichtigungsbetrag nach § 1 AStG zu verrechnen sind.

10. Dividenden — Art. 10

(1) Dividenden, die eine in einem Vertragstaat ansässige Gesellschaft an eine in dem anderen Vertragstaat ansässige Person zahlt, können in dem anderen Staat besteuert werden.

(2) Diese Dividenden können jedoch in dem Vertragstaat, in dem die die Dividenden zahlende Gesellschaft ansässig ist, nach dem Recht dieses Staates besteuert werden; die Steuer darf aber nicht übersteigen:

(a) 10 vom Hundert des Bruttobetrages der Dividenden, wenn der Empfänger eine Gesellschaft (ausgenommen eine Personengesellschaft) ist, die über mindestens 25 vom Hundert des Kapitals der die Dividenden zahlenden Gesellschaft verfügt, oder wenn die Dividenden aus Gewinnausschüttungen einer sociedad de personas bestehen;

(b) 15 vom Hundert des Bruttoertrages der Dividenden in allen anderen Fällen.

Dieser Absatz berührt nicht die Besteuerung der Gesellschaft in bezug auf die Gewinne, aus denen die Dividenden gezahlt werden.

(3) Ungeachtet des Absatzes 2 darf die deutsche Steuer von den Dividenden, die eine in der Bundesrepublik ansässige Gesellschaft an eine in Spanien ansässige Gesellschaft zahlt, der mindestens 25 vom Hundert des Kapitals der erstgenannten Gesellschaft unmittelbar oder mittelbar gehören, 25 vom Hundert des Bruttobetrages der Dividenden nicht übersteigen, solange der Satz der deutschen Körperschaftsteuer für ausgeschüttete Gewinne niedriger ist als der für nichtausgeschüttete Gewinne und der Unterschied zwischen diesen beiden Sätzen 20 Einheiten oder mehr beträgt. Beträgt der Unterschied zwischen den Sätzen mindestens 10 Einheiten, jedoch weniger als 20 Einheiten, so darf die deutsche Steuer von diesen Dividenden 15 vom Hundert des Bruttobetrages der Dividenden nicht übersteigen.

(4) Der in diesem Artikel verwendete Ausdruck „Dividenden" bedeutet Einkünfte aus Aktien, Genußrechten oder Genußscheinen, Kuxen, Gründeranteilen oder anderen Rechten — ausgenommen Forderungen — mit Gewinnbeteiligung sowie aus sonstigen Gesellschaftsanteilen stammende Einkünfte, die nach dem Steuerrecht des Staates, in dem die ausschüttende Gesellschaft ansässig ist, den Einkünften aus Aktien gleichgestellt sind. Er umfaßt auch die Einkünfte eines stillen Gesellschafters (cuentaparticipe) (der nicht am Vermögen des Unternehmens beteiligt ist), die von einer sociedad de personas an ihre Gesellschafter ausgeschütteten Gewinne und die Einkünfte aus Ausschüttungen auf Anteilscheine einer Kapitalanlagegesellschaft.

(5) Die Absätze 1 bis 3 sind nicht anzuwenden, wenn der in einem Vertragstaat ansässige Empfänger der Dividenden in dem anderen Vertragstaat, in dem die die Dividenden zahlende Geseellschaft ansässig ist, eine Betriebstätte hat und die Beteiligung, für die die Dividenden gezahlt werden, tatsächlich zu dieser Betriebstätte gehört. In diesem Fall ist Artikel 7 anzuwenden.

(6) Bezieht eine in einem Vertragstaat ansässige Gesellschaft Gewinne oder Einkünfte aus dem anderen Vertragstaat, so darf dieser andere Staat weder die Dividenden besteuern, die die Gesellschaft an nicht in diesem anderen Staat ansässige Personen zahlt, noch Gewinne der Gesellschaft einer Steuer für nichtausgeschüttete Gewinne unterwerfen, selbst wenn die gezahlten Dividenden oder die nichtausgeschütteten Gewinne ganz oder teilweise aus in dem anderen Staat erzielten Gewinnen oder Einkünften bestehen.

Ausgleichung der DBest. im Wohnsitzstaat
Art. 23 (auszugsweise)

(1) Bei einer in der Bundesrepublik ansässigen Person wird die Steuer wie folgt festgesetzt:

(a) Von der Bemessungsgrundlage der deutschen Steuer werden die Einkünfte aus Quellen innerhalb Spaniens ausgenommen, die nach diesem Abkommen in Spanien besteuert werden können, es sei denn, daß Buchstabe (b) anzuwenden ist. Die Bundesrepublik behält aber das Recht, die auf diese Weise ausgenommenen Einkünfte und Vermögensteile bei der Festsetzung des Steuersatzes zu berücksichtigen. Bei Dividenden ist Satz 1 nur anzuwenden auf die Dividenden, die

(aa) einer in der Bundesrepublik ansässigen Kapitalgesellschaft von einer in Spanien ansässigen Kapitalgesellschaft gezahlt werden, deren stimmberechtigte Anteile zu mindestens 25 vom Hundert der erstgenannten Gesellschaft gehören,

oder

(bb) aus den von einer sociedad de personas ausgeschütteten Gewinnen im Sinne von Artikel 10 Absatz 4 bestehen.

(b) Auf die deutsche Steuer von den nachstehenden aus Spanien stammenden Einkünften wird die spanische Steuer angerechnet, die nach diesem Abkommen gezahlt worden ist von

(aa) den nicht unter Buchstabe (a) fallenden Dividenden;

Erläuterungen

76 Im Gegensatz zu den sonstigen Einkünften wird bei Kapitalüberlassungseinkünften (Art. 10—12 DBA) die Steuerquelle zwischen Wohnsitzstaat (Abs. 1) und Quellenstaat (Abs. 2) aufgeteilt.

Zu Abs. 1

Der Begriff „zahlen“ bedeutet nicht Zufluß i. S. d. § 44 EStG, sondern Zurverfügungstellung von Geldmitteln (MA-Komm. 77 zu Art. 10 Ziff. 7), d. h. die Zuwendung eines Vorteils i. S. v. Abs. 3. Da über die zeitliche Zurechnung dieser Vorteile nichts gesagt ist, wird sie nach nationalem Steuerrecht bestimmt, z. B. bei beherrschenden Gesellschaftern im Zeitpunkt der Beschlußfassung der ausschüttenden Gesellschaft über die Gewinnverwendung. 77

Daraus folgt für die persönliche Zurechnung, daß der Vorteil nicht direkt „an eine in dem anderen Staat ansässige Person“ gelangen muß. Es reicht aus, daß dies über Drittstaaten (sei es über ein ausländisches Drittlandsbankkonto oder Strohmänner) geschieht, wenn der Empfänger den Vorteil nur erzielt hat. Art. 10 Abs. 2 OECD-77 spricht zur Klarstellung von dem Empfänger als Nutzungsberechtigten. Wird der Vorteil einer in einem Vertragsstaat ansässigen Basisgesellschaft (zum Begriff, s. u. a. BFH BStBl. 1981 II, 339) zugewandt, an der im anderen Vertragstaat ansässige Personen beteiligt sind, dann wird ihnen der Vorteil zugerechnet (sog. treaty shopping). 78

Die Abtretung eines Erstattungsanspruches hat nicht zur Folge, daß die prozessuale Rechtsstellung des Einkünfteerzielers, Verfahren vor der Finanzbehörde und dem Finanzgericht wegen behaupteter Erstattungsansprüche zu betreiben und Erstattungen der auf seine Rechnung einbehaltenen Abzugsbeträge zu verlangen, auf den Abtretungsempfänger übergeht. Dasselbe gilt auch für den Erben, der Rechte geltend macht, die bisher tatsächlich von einem Dritten ausgeübt wurden (BFH-Urteil vom 13. 3. 1985 I R 200 — 201/80). 79

Zum Begriff „ansässig“, s. Art. Rdn. 31 ff.

Zu Abs. 2

„Diese Dividenden“ knüpfen wiederum an den Empfänger des Abs. 1 als Nutzungsberechtigten an. Der Abkommensschutz der Begrenzung der Quellensteuer ist dann zu versagen, wenn die Dividenden nicht von dem Empfänger erzielt wurden; das gilt auch für Ausschüttungen an eine in einem anderen Vertragsstaat ansässige Basisgesellschaft, an der im Quellenstaat ansässige Gesellschafter beteiligt sind; nicht jedoch, wenn an ihr nur Gesellschafter beteiligt sind, die in einem Drittstaat ansässig sind (BFH-Urteil vom 9. 4. 1981, I R 89/80). 80

81 Bemessungsgrundlage ist der Bruttobetrag der Dividende ohne Abzug von Betriebsausgaben oder Werbungskosten bzw. der Körperschaftsteuergutschrift.

82 Die Schachtelbeteiligungsquote i. S. v. Abs. 2a von deutschen Muttergesellschaften (wegen der entsprechenden deutschen Quellensteuer, s. Abs. 3) bezieht sich auf alle unmittelbaren und mittelbaren Beteiligungen. Dies ergibt sich aus dem Rückschluß der Fassung des Art. 10 Abs. 2 MA-63, denn dort wird nur von einer unmittelbaren Beteiligung gesprochen. Mit dem Begriff „Kapital" ist das Kapital im gesellschaftsrechtlichen Sinne gemeint (MA-Komm. 77 zu Art. 10 Ziff. 15), also: offenes und verdecktes Grund- bzw. Stammkapital ohne Rücklagen und Bilanzgewinn.

83 Zum Verfahren der Erstattung der deutschen Kapitalertragsteuer s. Schreiben des BMF vom 2. 8. 1976 (BStBl. 1976 I, 424) — s. Anhang, Anlage 2, zum Verfahren der Erstattung der spanischen Kapitalertragsteuer, s. Decreto vom 25. 2. 1971 (B.O.E. vom 8. 3. 1971) sowie vom 10. 11. 1975 (B.O.E. vom 4. 12. 1975) — s. Anhang, Anlage 2. Für die Erstattung ist der Nachweis der Wohnsitzbestätigung durch die Finanzbehörde des jeweiligen anderen Vertragsstaates sowie der Nachweis der Einbehaltung und Abführung der Quellensteuer notwendig. Ein Streit darüber, ob die Wohnsitzbestätigung auch durch eine andere Bestätigung als die der ausländischen Steuerbehörde erbracht werden kann, erübrigt sich wegen Art. 25 Abs. 3, der die nationalen Regelungen zum Bestandteil des DBA macht. Die Erstattungsverfahren werden im Fall der Bundesrepublik Deutschland durch das BfF und im Falle Spaniens vornehmlich durch Spezialfinanzämter in Madrid und Barcelona durchgeführt. Die Erstattungsformulare für die spanische Quellensteuer können bei dem BfF, 5300 Bonn 1, Friedhofstraße 1, bezogen werden.

Zu Abs. 3

84 Für Ausschüttungen einer deutschen Tochter an ihre spanische Mutter wird eine deutsche Quellensteuer von 25 % u. a. dann festgesetzt, wenn die Differenz der Körperschaftsteuer auf thesaurierte und ausgeschüttete Gewinne mehr als 20 Einheiten beträgt (z. Z. bei Thesaurierung 56 % und bei Herstellung der Ausschüttungsbelastung 36 %).

85 Die Anteile müssen der spanischen Mutter unmittelbar oder mittelbar „gehören". Der Begriff „gehören" ist im zivilrechtlichen Sinne auszulegen und bedeutet Mitgliedschaft und damit eine eigene Beteiligung (BFH BStBl.

1971 II, 535). Mittelbar kann eine Beteiligung darum nur durch eine nachgeordnete (nicht gleichgeordnete) Beteiligung vermittelt werden (FG Köln RIW/AWD 1982, 292/293), d. h. daß die erhöhte deutsche Kapitalertragsteuer durch eine Beteiligungsaufspaltung auf fünf Gesellschaften (sog. Quintettsituation) umgangen werden kann (vgl. hierzu IWB F.3 Gr. 2 S. 457). Auf stille Beteiligungen ist Abs. 3 nicht anzuwenden, da die Rechtsstellung des Stillen nicht mit der eines Aktionärs vergleichbar ist; allerdings ist die stille Beteiligung bei der Ermittlung des Beteiligungsansatzes von 25 % mit einzubeziehen.

Zu Abs. 4

Der Begriff „Einkünfte“ (eigentlich: Einnahmen) ist nach dem Recht des 86
Quellenstaates auszulegen und umfaßt alle geldwerten Vorteile, wie verdeckte Gewinnausschüttungen, Freiaktien, Liquidationsgewinne (s.: MA-Komm. 77 zu Art. 10 Ziff. 27).

„Gesellschaftsanteile“ sind alle Anteile, die ein Recht auf Gewinn und stille 87
Reserven der Gesellschaft gewähren. Darum sind partiarische Darlehen, Obligationen und jede Gesellschafter-Fremdfinanzierung, die nach dem Recht des Quellenstaates wie Eigenkapital behandelt wird (wie z. B. der geplante § 8a KStG), nach Art. 11 DBA zu prüfen. Genußscheine müssen entgegen dem MA-Komm. 77 zu Art. 10 Ziffer 24 nicht in Wertpapierform verbrieft sein, da im DBA-Spanien auch Genußrechte als Gesellschaftsanteile aufgeführt sind. Darum sind sie bei gewinnabhängiger Ausgestaltung als Einkünfte nach Art. 21 DBA, ansonsten nach Art. 11 DBA anzusehen; dies gilt auch bei einer gleichzeitigen Beteiligung am Liquidationserlös, wenn der Genußschein entweder vom Inhaber nicht gekündigt werden darf oder erst im Jahr 2050 zurückgezahlt werden soll (Niederschrift über die Sitzung der KSt/GewSt-Referenten Bund/Länder III/85 v. 2.—4. 7. 1985 TOP I 8 — IV B 7 — S 2920/G 1520).

Investmentzertifikate sind nicht nur solche an Wertpapier-, sondern auch 88
solche an Grundstücksfonds, wenn entsprechende, den Aktien gleichgestellte Zertifikate ausgegeben werden. Diesen Anteilen an Kapitalanlagegesellschaften sind solche an stillen Gesellschaften und spanischen Personengesellschaften gleichgestellt.

Den Anteilen einer deutschen Aktiengesellschaft gleichgestellt sind gem. 89
§§ 36 Abs. 2 Nr. 3, 20 Abs. 1 und 2 EStG z. B. GmbH- und Genossenschaftsanteile (nicht solche an Stiftungen, für die Art. 21 DBA gilt). Den Einkünften aus Anteilen an spanischen Gesellschaftsanteilen sind gleichge-

stellt gem. Art. 54 Abs. 1a span. EStDV: Teilnahmegebühren an Gesellschaftsversammlungen, Gewinnbeteiligungen an Gesellschaften und überhaupt jeder Nutzen, den der Steuerpflichtige in seiner Eigenschaft als Gesellschafter einer juristischen Person i. S. d. spanischen Rechtes erhält.

Zu Abs. 5

90 Der Betriebstättenvorbehalt gilt nur für Einkünfte mit Betriebstätten oder festen Einrichtungen (also nicht für die Einkünfte aus Seeschiffahrt oder Luftfahrt (gem. Art. 8 DBA). Das Stammrecht, für das die Dividende gezahlt wird, muß Teil des Betriebsvermögens der BS bzw. der festen Einrichtung sein oder auf andere Weise der BS bzw. festen Einrichtung gehören (s. auch FinMin NW vom 26. 7. 1978, S 1301 — Spanien 2 — VB 2).

Zu Abs. 6

91 Das Verbot der exterritorialen Besteuerung durch den Quellenstaat schließt eine Besteuerung nicht aus, wenn der Empfänger der Dividende, die von der in dem anderen Vertragsstaat ansässigen Gesellschaft gezahlt wurde, im Quellenstaat ansässig ist. Das Verbot beschränkt sich vielmehr auf die im Wohnsitzstaat der Gesellschaft oder in Drittstaaten ansässigen Empfänger i. S. d. Abs. 1.

11. Zinsen — Art. 11

(1) Zinsen, die aus einem Vertragstaat stammen und an eine in dem anderen Vertragstaat ansässige Person gezahlt werden, können in dem anderen Staat besteuert werden.

(2) Diese Zinsen können jedoch in dem Vertragstaat, aus dem sie stammen, nach dem Recht dieses Staates besteuert werden; die Steuer darf aber 10 vom Hundert des Bruttobetrages der Zinsen nicht übersteigen.

(3) Zinsen, die aus Spanien stammen und an die Deutsche Bundesbank oder die Kreditanstalt für Wiederaufbau der Bundesrepublik gezahlt werden, sind von der spanischen Steuer befreit.

(4) Der in diesem Artikel verwendete Ausdruck „Zinsen“ bedeutet Einkünfte aus öffentlichen Anleihen, aus Schuldverschreibungen, auch wenn sie durch Pfandrechte an Grundstücken gesichert oder mit einer Gewinnbe-

teiligung ausgestattet sind, und aus Forderungen jeder Art sowie alle anderen Einkünfte, die nach dem Steuerrecht des Staates, aus dem sie stammen, den Einkünften aus Darlehen gleichgestellt sind.

(5) Absatz 1 ist nicht anzuwenden, wenn der in einem Vertragstaat ansässige Empfänger der Zinsen in dem anderen Vertragstaat, aus dem die Zinsen stammen, eine Betriebstätte hat und die Forderung, für die die Zinsen gezahlt werden, tatsächlich zu dieser Betriebstätte gehört. In diesem Fall ist Artikel 7 anzuwenden.

(6) Zinsen gelten dann als aus einem Vertragstaat stammend, wenn der Schuldner dieser Staat selbst, eine seiner Gebietskörperschaften, örtlichen Verwaltungen oder eine in diesem Staat ansässige Person ist. Hat aber der Schuldner der Zinsen, ohne Rücksicht darauf, ob er in einem Vertragstaat ansässig ist oder nicht, in einem Vertragstaat eine Betriebstätte und ist die Schuld, für die die Zinsen gezahlt werden, für Zwecke der Betriebstätte eingegangen worden und trägt die Betriebstätte die Zinsen, so gelten die Zinsen als aus dem Vertragstaat stammend, in dem die Betriebstätte liegt.

(7) Bestehen zwischen Schuldner und Gläubiger oder zwischen jedem von ihnen und einem Dritten besondere Beziehungen und übersteigen deshalb die gezahlten Zinsen, gemessen an der zugrunde liegenden Forderung, den Betrag, den Schuldner und Gläubiger ohne diese Beziehungen vereinbart hätten, so wird dieser Artikel nur auf diesen letzten Betrag angewendet. In diesem Fall kann der übersteigende Betrag nach dem Recht jedes Vertragstaates und unter Berücksichtigung der anderen Bestimmungen dieses Abkommens besteuert werden.

Ausgleichung der DBest. im Wohnsitzstaat Art. 23 (auszugsweise)

(b) Auf die deutsche Steuer von den nachstehenden aus Spanien stammenden Einkünften wird die spanische Steuer angerechnet, die nach diesem Abkommen gezahlt worden ist von

(bb) Zinsen; fließen die Zinsen einem Bankinstitut zu und ist die Steuer, der sie in Spanien unterliegen, auf Grund des Decreto-Ley 19/1961 vom 19. Oktober 1961 niedriger als 10 vom Hundert ihres Bruttobetrages, so sind 10 vom Hundert des Bruttobetrages der Zinsen anzurechnen;

Erläuterungen

Abs. 1

92 Zum Begriff „Ansässigkeit" siehe Art. 4 Rdn. 31 ff.; „Zahlung" muß eine solche an den Nutzungsberechtigten sein, zum Begriff „Nutzungsberechtigter" siehe Art. 10 Rdn. 78; zum Begriff der Zahlung: es gilt das Steuerrecht des Wohnsitzstaates. Zur Abtretung von Erstattungsansprüchen, siehe Art. 10 Rdn. 79.

Zinsen, die aus einem Vertragstaat stammen: siehe Abs. 6.

Zu Abs. 2

93 Abkommensschutz wird dem Zinsempfänger nur gewährt, wenn er Nutzungsberechtigter ist (siehe Art. 10 Rdn. 78). Back-to-Back-Darlehen (d. h. die Darlehensverlängerung durch den Abschluß von je einem Darlehen des Darlehensgebers und -nehmers mit einem in einem Drittstaat ansässigen Vermittler, z. B. einer Bank) sind als Steuerumgehung nicht anzuerkennen, wenn der Vermittler kein eigenes wirtschaftliches Interesse hat.

Zum Erstattungsverfahren, siehe Art. 10, Rdn. 83.

Zu Abs. 4

94 Für die Auslegung des Begriffs der Zinsen als Einkünfte aus Forderungen ist das Steuerrecht des Quellenstaates entscheidend. Darum wird nach deutschem Steuerrecht ein Darlehen in der Regel nicht als verdecktes Nennkapital (und damit als Dividenden) umqualifiziert werden können (BFH BStBl. 1976 II, 226/227). Nach spanischem Steuerrecht sind gemäß Art. 54 Abs. 1c spanisches EStDV den Einkünften aus Darlehen jede Gegenleistung für die Überlassung von Kapital gleichgestellt (mit Ausnahme von Beteiligungen an Gesellschaften, Gegenleistung für die Überlassung geistigen Eigentums, Leibrenten, Mieten, Witwenrenten).

95 Zinsen als Einkünfte aus Forderungen jeder Art sind u. a.: Aufgelder, Disagio, Umtauschvergütung bei Austausch alter und neuer Anleihen (nicht aber: Vorfälligkeitsentschädigungen, da kein Entgelt für Kapitalnutzung, sondern für Verzicht auf Kapitalnutzung). Bei Warenkrediten, die im Kaufpreis mitbezahlt werden, läßt sich zwar eine Beschränkung auf die Zahlung „als" Zinsen dem Wortlaut nicht entnehmen, doch versteht der MA-Komm. 77 richtigerweise dieses Entgelt mehr als Teil des Kaufpreises als ein Kapitalentgelt; dem sollte auch die Auslegung dann folgen, wenn in

der Praxis dieser Zins von den Vertragstaaten niemals einer Besteuerung unterworfen wurde (so auch de Juan Peñalosa, S. 106).

Keine Zinsen sind wegen Art. 10 Abs. 3 DBA die Entgelte aus einer stillen Gesellschaft. Zur Gesellschafterfremdfinanzierung gemäß § 8a KStG und Genußscheinen, siehe Art. 10 Rdn. 87. 96

Zu Abs. 5

Siehe dazu Art. 10 Rdn. 90, dessen Ausführungen entsprechend gelten.

Zu Abs. 6

„Für Zwecke der Betriebstätte" wird eine Schuld von dem Stammhaus eingegangen, wenn zwischen Betriebstätte und Forderungsaufnahme ein wirtschaftlicher Zusammenhang besteht (MA-Komm. 77 zu Art. 11 Ziffer 25). Die Betriebstätte „trägt" die Zinsen, wenn sie sich bei ihr als Aufwendungen (sei es sofort oder wegen Aktivierung später) niedergeschlagen haben. 97

Zu Abs. 7

„Besondere Beziehungen" sind gesellschaftliche, verwandtschaftliche oder „ganz allgemein jede Interessengemeinschaft, die neben dem Rechtsverhältnis, aufgrund dessen Zinsen gezahlt werden, bestehen". (MA-Komm. 77 zu Art. 11 Ziffer 32), z. B. ein für die Zahlung der unangemessen hohen Zinsen kausales Lieferverhältnis. Bei der Höhe sind in der Regel der Sollzinssatz der Banken und bei Auslandskrediten die Zinssätze im Währungsgebiet der ausländischen Währung als Vergleichsmaßstab heranzuziehen, wobei alle Umstände des Einzelfalles zu berücksichtigen sind (insbesondere: Kredithöhe und Laufzeit, Art und Zweck des Kredites, Sicherheitsleistung und Kreditwürdigkeit des Schuldners, Wechselkursrisiken und -chancen einschließlich Kurssicherungskosten und Refinanzierungskosten). 98

12. Lizenzgebühren — Art. 12

(1) Lizenzgebühren, die aus einem Vertragstaat stammen und an eine in dem anderen Vertragstaat ansässige Person gezahlt werden, können in dem anderen Staat besteuert werden.

(2) Diese Lizenzgebühren können jedoch in dem Vertragstaat, aus dem sie stammen, nach dem Recht dieses Staates besteuert werden; die Steuer darf aber 5 vom Hundert des Bruttobetrages der Lizenzgebühren nicht übersteigen.

(3) Der in diesem Artikel verwendete Ausdruck „Lizenzgebühren" bedeutet Vergütungen jeder Art, die für die Benutzung oder für das Recht auf Benutzung von Urheberrechten an literarischen, künstlerischen oder wissenschaftlichen Werken einschließlich kinematographischer Filme, von Patenten, Warenzeichen, Mustern oder Modellen, Plänen, geheimen Formeln oder Verfahren oder für die Benutzung oder das Recht auf Benutzung gewerblicher, kaufmännischer oder wissenschaftlicher Ausrüstungen oder für die Mitteilung gewerblicher, kaufmännischer oder wissenschaftlicher Erfahrungen gezahlt werden.

(4) Absatz 1 ist nicht anzuwenden, wenn der in einem Vertragstaat ansässige Empfänger der Lizenzgebühren in dem anderen Vertragstaat, aus dem die Lizenzgebühren stammen, eine Betriebstätte hat und die Rechte oder Vermögenswerte, für die die Lizenzgebühren gezahlt werden, tatsächlich zu dieser Betriebstätte gehören. In diesem Fall ist Artikel 7 anzuwenden.

(5) Lizenzgebühren gelten dann als aus einem Vertragstaat stammend, wenn der Schuldner dieser Staat selbst, eine seiner Gebietskörperschaften, örtlichen Verwaltungen oder eine in diesem Staat ansässige Person ist. Hat aber der Schuldner der Lizenzgebühren, ohne Rücksicht darauf, ob er in einem Vertragstaat ansässig ist oder nicht, in einem Vertragstaat eine Betriebstätte und ist die Verpflichtung zur Zahlung der Lizenzgebühren für Zwecke der Betriebstätte eingegangen worden und trägt die Betriebstätte die Lizenzgebühren, so gelten die Lizenzgebühren als aus dem Vertragstaat stammend, in dem die Betriebstätte liegt.

(6) Bestehen zwischen Schuldner und Gläubiger oder zwischen jedem von ihnen und einem Dritten besondere Beziehungen und übersteigen deshalb die gezahlten Lizenzgebühren, gemessen an der zugrunde liegenden Leistung, den Betrag, den Schuldner und Gläubiger ohne diese Beziehungen vereinbart hätten, so wird dieser Artikel nur auf diesen letzten Betrag angewendet. In diesem Fall kann der übersteigende Betrag nach dem Recht jedes Vertragstaates und unter Berücksichtigung der anderen Bestimmungen dieses Abkommens besteuert werden.

Ausgleichung der DBest. im Wohnsitzstaat Art. 23 (auszugsweise)

(b) Auf die deutsche Steuer von den nachstehenden aus Spanien stammenden Einkünften wird die spanische Steuer angerechnet, die nach diesem Abkommen gezahlt worden ist von

(cc) Lizenzgebühren.

Erläuterungen

Zu Abs. 1

Ob Lizenzgebühren „aus einem Vertragstaat stammen", regelt sich nach Abs. 6. Empfänger der Zahlung muß der „Nutzungsberechtigte" sein (siehe Art. 10 Rdn. 78). Hinsichtlich des Zeitpunktes der Besteuerung gilt nationales Recht. Zur Abtretung von Erstattungsansprüchen, siehe Art. 10 Rdn. 79. 99

Zu Abs. 2

Bemessungsgrundlage ist der Bruttobetrag, d. h. einschließlich der vollen oder ermäßigten Umsatzsteuer (auch dann, wenn von der sogenannten Nullregelung gemäß § 52 Abs. 2 UStDV Gebrauch gemacht wird — Schreiben des BMF vom 21. 1. 1982, FR 1982, 120). 100

Zum Verfahren der Freistellung und Erstattung der deutschen Quellensteuer, siehe: Merkblatt des BfF vom Januar 1984 (das die Praxis der Finanzverwaltung wiedergibt) — Anhang, Anlage 2 — und Schreiben des BMF vom 2. 8. 1976 (BStBl. 1976 I, 424) — Anhang, Anlage 2 —. Hinsichtlich der Freistellung von kleineren Vergütungen eines deutschen Zahlungsverpflichteten an viele ausländische Empfänger ist das Kontrollmeldeverfahren entwickelt worden (BStBl. 1976 I, 279), dessen Betragsgrenzen durch Erlaß des BMF vm 27. 12. 1982 (BStBl. 1983 I, 250) von 2500,— auf 4500,— DM pro Einzelzahlung und von 30 000,— auf 40 000,— DM Jahreszahlung angehoben wurden. 101

Zum Verfahren der Freistellung und Erstattung der spanischen Quellensteuer, Dekret vom 25. 2. 1971 (B.O.E. vom 8. 3. 1971) und vom 30. 12. 1977 (B.O.E. vom 17. 1. 1978) — Anhang, Anlage 1 —. Zu den notwendigen Nachweisen und zuständigen Finanzbehörden, siehe Art. 10, Rdn. 83. 102

Zu Abs. 3

103 Vergütungen, die „für die Benutzung oder für das Recht auf Benutzung" gezahlt wurden, sind als ausschließlich für diese Leistung gezahlte Vergütungen (also auch Optionsgebühren) abzugrenzen von: solchen, die wegen ihres Zusammenhanges mit unbeweglichem Vermögen nach Art. 6 DBA, wegen der Vercharterung von Schiffen und gelegentlicher Vermietung von Containern (soweit es sich um eine ergänzende Tätigkeit oder um eine Nebentätigkeit handelt) in der Regel nach Art. 8 DBA oder wegen der Funktion des Lizenzgebers als Arbeitnehmer (Arbeitnehmererfindung) nach Art. 15 DBA versteuert werden müssen.

104 Nutzungsüberlassung (also nicht Veräußerung i. S. von Art. 13) ist zivilrechtlich auszulegen, z. B. ist die zeitliche Befristung ein Indiz für eine Nutzung und spricht gegen eine Veräußerung. Bei Leasing ist das jeweils überwiegende Element der Miete oder des Kaufes zu ermitteln, wozu die Leasing-Erlasse der deutschen Finanzverwaltung eine Hilfe sein können (BMF BStBl. 1971 I, 264 ff., 272 I, 188 ff.). Bei gemischten Verträgen ist aufzuteilen, es sei denn, es handelt sich um eine Nebenleistung zur Hauptleistung (MA-Komm. 77 zu Art. 12 Ziffer 12). Die Erteilung von Unterlizenzen ist nach spanischem Recht gemäß Art. 1255 CC zulässig, d. h. der Unterlizenznehmer tritt nicht in vertragliche Beziehungen zum Lizenzgeber (wie z. B. bei einer Veräußerung), sondern zum Lizenzinhaber. Zur gemeinsamen Auswertung einer Filmlizenz als Mitunternehmerschaft (BFH BStBl. 1981 II, 602); keine Mitunternehmerschaft bei bloßer Interessengemeinschaft oder Pool (BFH BStBl. 1965 III, 71) oder bloßer Beteiligung am Veräußerungsgewinn (BFH DStZE 1968, 424), jedoch anzunehmen bei einem „Konsortium" (BFH BStBl. 1971 II, 620).

105 Vergütungen „jeder Art" sind u. a.: Schadensersatz, ungerechtfertigte Bereicherung wegen Rechtsverletzung (nicht jedoch: die Anwalts- und Gerichtskosten für die Rechtsverletzung, FG BaWü EFG 1968, 514 und Reise- und Filmkopierkosten, BMF FR 1979, 175).

Zu den einzelnen Lizenzgegenständen:

106 a) **Urheberrechte:** Dieser Begriff richtet sich nach innerstaatlichem Recht des Quellenstaates. Dazu gehören auch die Leistungsschutzrechte von Aufführenden (MA-Komm. 77 zu Art. 12 Ziffer 13), z. B. Sänger, Schauspieler (nicht aber die öffentliche Aufführung mit gleichzeitiger Übertragung in öffentlichen Medien, d. h. einschlägig ist Art. 17 DBA).

b) **Auftragsforschung:** Sie unterliegt nicht dem Lizenzartikel, da die Ergebnisse dem Auftraggeber zuzurechnen sind (Verwaltungsgrundsätze Tz. 3.3, 7.1.3., S. 2, 2. H.S.). Dies gilt auch bei der Gemeinschaftsforschung auf gemeinsame Rechnung. 107

Nach spanischem Recht sind (genehmigungspflichtige) Lizenzverträge Vereinbarungen über gesetzliche Schutzrechte (Urheberrechte, Patente, Warenzeichen, Geschmacksmuster) und: Abtretung bzw. Überlassung gewerblicher Schutzrechte; Übertragung von nicht geschütztem technischen Wissen, das im produktiven Bereich verwendet werden kann und vom Eigentümer geheimgehalten wird; Erbringung von Ingenieurleistungen; Erarbeitung von Vorprojekten und Ausführungsprojekten; Montageleistungen; schlüsselfertige Bauleistungen; Unterhaltung und Reparatur von erstellten Projekten; Durchführung jeglicher Art von Studien, Analysen und Beratung im weitesten Sinne; Ausbildung und Anleitung von Personal; Zurverfügungstellung von technischen und wirtschaftlichen Informationen und Dokumentationen (B.O.E. vom 2. 10. 1973).

Aus dieser Aufführung ergibt sich, daß zwischen Nutzungsüberlassung und den in Art. 12 Abs. 3 DBA aufgeführten Lizenzgegenständen auf der einen Seite und technischen bzw. wirtschaftlichen Dienstleistungen auf der anderen Seite nicht unterschieden wird und zum Zweck der Quellenbesteuerung aufgeteilt werden muß (siehe unter c).

c) **Know-how:** Know-how ist das nicht geschützte, geheime und nicht geheime (aber nicht offenbare) Erfahrungswissen (MA-Komm. 77 zu Art. 12 Ziffer 12). Lizenzvergütungen aus einem Know-how-Vertrag sind von der Beratung dadurch zu unterscheiden, daß sich der Berater nur zur Anwendung seiner besonderen Fähigkeiten verpflichtet, z. B. Kundendienst, Erstattung eines Gutachtens durch einen Ingenieur (MA-Komm. 77 zu Art. 12 Ziffer 12); bei Franchise-Verträgen ist darum aufzuteilen. 108

Nach spanischer Sicht fallen ebenfalls nicht unter Know-how-Überlassung alle technischen Beistandsleistungen. Sie sind nach dieser Auffassung vielmehr im Rahmen des Art. 14 DBA zu erfassen, wenn sie z. B. von darauf spezialisierten Unternehmen erbracht werden (so: Fernandez Perez, in: Estudios de doble imposicion international, S. 122).

d) **Ausrüstungen:** Die Entgelte werden regelmäßig bei entgeltlicher Vermietung unter Art. 7 oder 21 DBA fallen. 109

Zu Abs. 4

Siehe die Ausführungen bei Art. 10 Rdn. 90.

Zu Abs. 4/5

110 Siehe die Ausführungen bei Art. 11 Rdn. 98. Zur Angemessenheit kann bei fehlenden Drittpreisen hilfsweise der angemessene verkehrsübliche Betriebsgewinn des Lizenznehmers oder ausnahmsweise der Aufwand des Lizenzgebers herangezogen werden. Zur Angemessenheit, siehe BFH DB 1964, 1095 (angemessene Rendite des Lizenzgebers zwischen 10 bis 15 % auf das eingesetzte Kapital oder 3 bis 5 % auf den Umsatz), RG RGZ 92, 329 (Üblichkeit einer Umsatzlizenz zwischen 1 bis 10 %), RFH RStBl. 1935, 759 (Warenzeichenlizenz). Nach Knoppe (Besteuerung der Lizenz und Know-how-Vergütungen, S. 98) ist die Lizenzgebühr angemessen, wenn sie ¼ bis ⅓ des Produktionsgewinnes vor Abzug der Lizenzgebühren nicht übersteigt.

13. Veräußerungsgewinne — Art. 13

(1) Gewinne aus der Veräußerung unbeweglichen Vermögens im Sinne des Artikels 6 Absatz 2 können in dem Vertragstaat besteuert werden, in dem dieses Vermögen liegt.

(2) Gewinne aus der Veräußerung beweglichen Vermögens, das Betriebsvermögen einer Betriebstätte darstellt, die ein Unternehmen eines Vertragstaates in dem anderen Vertragstaat hat, oder das zu einer festen Einrichtung gehört, über die eine in einem Vertragstaat ansässige Person für die Ausübung eines freien Berufes in dem anderen Vertragstaat verfügt, einschließlich derartiger Gewinne, die bei der Veräußerung einer solchen Betriebstätte (allein oder zusammen mit dem übrigen Unternehmen) oder einer solchen festen Einrichtung erzielt werden, können in dem anderen Staat besteuert werden. Jedoch können Gewinne aus der Veräußerung des in Artikel 22 Absatz 3 genannten beweglichen Vermögens nur in dem Vertragstaat besteuert werden, in dem dieses bewegliche Vermögen nach dem angeführten Artikel besteuert werden kann.

(3) Gewinne aus der Veräußerung des in den Absätzen 1 und 2 nicht genannten Vermögens können nur in dem Vertragstaat besteuert werden, in dem der Veräußerer ansässig ist.

Ausgleichung der DBest. im Wohnsitzstaat
Art. 23 (auszugsweise)

(1) Bei einer in der Bundesrepublik ansässigen Person wird die Steuer wie folgt festgesetzt:

(a) Von der Bemessungsgrundlage der deutschen Steuer werden die Einkünfte aus Quellen innerhalb Spaniens ausgenommen, die nach diesem Abkommen in Spanien besteuert werden können, es sei denn, daß Buchstabe (b) anzuwenden ist. Die Bundesrepublik behält aber das Recht, die auf diese Weise ausgenommenen Einkünfte und Vermögensteile bei der Festsetzung des Steuersatzes zu berücksichtigen.

Erläuterungen

Zu Abs. 1

Veräußerungsgewinne sind auch solche aus Tausch, Enteignung, Einbringung in eine Gesellschaft, unentgeltlicher Übertragung und Übergang von Todes wegen (MA-Komm. 77 zu Art. 13 Ziffer 5). Zu den Veräußerungsgewinnen zählen auch die vergeblichen oder vorbereitenden bzw. nachträglichen Aufwendungen (zu den vergeblichen Aufwendungen — FG Münster EFG 1983, 239 —). 111

Die Art der Bezahlung (sofort oder in Raten/Renten) ist unerheblich, soweit sie Gegenleistungs- und nicht Versorgungscharakter (dann Art. 21 DBA) hat. 112

Zu Abs. 2

Zum Begriff „Bewegliches Vermögen“ im spanischen Recht, siehe Art. 6 Rdn. 53. Wegen des Begriffs „Ansässigkeit“, siehe Art. 4 Rdn. 31 ff. 113

Gewinne aus der Veräußerung von Seeschiffen und Luftfahrzeugen sowie ihnen dienendes unbewegliches Vermögen werden im Staat der tatsächlichen Geschäftsführung besteuert (Art. 8 DBA). Für die Binnenschiffahrt und -luftfahrt gilt Abs. 3. 114

Zu Abs. 3

Die Wohnsitzstaatbesteuerung erfaßt auch die Veräußerung jeglichen Vermögens aus Drittstaaten, Verkauf von Forderungen, nicht in das spanische Grundbuch eingetragene Optionsrechte (BFH BStBl. 1982 II, 768/770), 115

Beteiligungen ohne Rücksicht auf den Beteiligungsumfang (25 %-Grenze unbeachtlich). Wegen des Ortes der tatsächlichen Geschäftsleitung, siehe Art. 3 Abs. 1h DBA.

14. Einkünfte aus freiem Beruf — Art. 14

(1) Einkünfte, die eine in einem Vertragstaat ansässige Person aus einem freien Beruf oder aus sonstiger selbständiger Tätigkeit ähnlicher Art bezieht, können nur in diesem Staat besteuert werden, es sei denn, daß die Person für die Ausübung ihrer Tätigkeit in dem anderen Vertragstaat regelmäßig über eine feste Einrichtung verfügt. Verfügt sie über eine solche feste Einrichtung, so können die Einkünfte in dem anderen Staat besteuert werden, jedoch nur insoweit, als sie dieser festen Einrichtung zugerechnet werden können.

(2) Der Ausdruck „freier Beruf" umfaßt insbesondere die selbständig ausgeübte wissenschaftliche, literarische, künstlerische, erzieherische oder unterrichtende Tätigkeit sowie die selbständige Tätigkeit der Ärzte, Rechtsanwälte, Ingenieure, Architekten, Zahnärzte und Bücherrevisoren.

Ausgleichung der DBest. im Wohnsitzstaat Art. 23 (auszugsweise)

(1) Bei einer in der Bundesrepublik ansässigen Person wird die Steuer wie folgt festgesetzt:

(a) Von der Bemessungsgrundlage der deutschen Steuer werden die Einkünfte aus Quellen innerhalb Spaniens ausgenommen, die nach diesem Abkommen in Spanien besteuert werden können, es sei denn, daß Buchstabe (b) anzuwenden ist. Die Bundesrepublik behält aber das Recht, die auf diese Weise ausgenommenen Einkünfte und Vermögensteile bei der Festsetzung des Steuersatzes zu berücksichtigen.

Erläuterungen

Zu Abs. 1

116 Art. 6, 13 DBA gehen dem Art. 14 vor. Zum Begriff der „Ansässigkeit", siehe Art. 4 Rdn. 31 ff. Zum Begriff „Freier Beruf", siehe Abs. 2. Einkünfte

aus „sonstiger“ (auch früherer) „selbständiger Tätigkeit“ sind nach innerstaatlichem Recht auszulegen.

Die Dienstleistung wird dort ausgeübt, wo sie geleistet (nicht verwertet) 117
wird, d. h.: bei einem Erfinder dort, wo er seine Erfindungsidee planmäßig verwirklicht und seine Rechte geltend macht (BFH BStBl. 1977 II, 76/77); bei einer Beratung dort, wo sie sich im wesentlichen vollzieht (nicht, wo sich der Berater gedanklich mit dem Problem befaßt hat — BFH BStBl. 1966 III, 463/464); bei bloßer Zurverfügungstellung dort, wo der Steuerpflichtige sich aufhält bzw. — bei Unterlassung als Leistung — dort, wo die zu unterlassende Handlung vorgenommen worden wäre (BFH BStBl. 1970 II, 867).

Eine feste Einrichtung ist eine der oben genannten Tätigkeit dienende Sach- 118
gesamtheit. Der einzige Unterschied zur Betriebstätte (siehe die Ausführungen zu Rdn. 40 ff.) besteht darin, daß diese Einrichtung dem Steuerpflichtigen nur „regelmäßig“ (nicht wie die Betriebstätte „ständig“) zur Verfügung stehen muß. Die Regeln der Betriebstätte zur Bauausführung und zum ständigen Vertreter sind nicht übertragbar. Für die Höhe der Zurechnung der Gewinne zur festen Einrichtung gelten die Grundsätze zur Betriebstätte (siehe Art. 7 Rdn. 62; MA-Komm. 77 zu Art. 17 Ziffer 13).

Zu Abs. 2

Die Regelbeispiele sind nach innerstaatlichem Recht auszulegen. Selbstän- 119
dig ist derjenige, der nicht in die Organisation eines Unternehmens eingegliedert ist (BFH BStBl. 1970 II, 716/718). Unter den Begriff „Bücherrevisor“ fallen auch Wirtschaftsprüfer und Steuerberater.

15. Einkünfte aus unselbständiger Arbeit im Privatdienst Art. 15

(1) Vorbehaltlich der Artikel 16, 18 und 19 können Gehälter, Löhne und ähnliche Vergütungen, die eine in einem Vertragstaat ansässige Person aus unselbständiger Arbeit bezieht, nur in diesem Staat besteuert werden, es sei denn, daß die Arbeit in dem anderen Vertragstaat ausgeübt wird. Wird die Arbeit dort ausgeübt, so können die dafür bezogenen Vergütungen in dem anderen Staat besteuert werden.

(2) Ungeachtet des Absatzes 1 können Vergütungen, die eine in einem Vertragstaat ansässige Person für eine in dem anderen Vertragstaat ausgeübte unselbständige Arbeit bezieht, nur in dem erstgenannten Staat besteuert werden, wenn

(a) der Empfänger sich in dem anderen Staat insgesamt nicht länger als 183 Tage während des betreffenden Steuerjahres aufhält,

(b) die Vergütungen von einem Arbeitgeber oder für einen Arbeitgeber gezahlt werden, der nicht in dem anderen Staat ansässig ist, und

(c) die Vergütungen nicht von einer Betriebstätte oder einer festen Einrichtung getragen werden, die der Arbeitgeber in dem anderen Staat hat.

(3) Ungeachtet der vorstehenden Bestimmungen dieses Artikels können Vergütungen für unselbständige Arbeit, die an Bord eines Seeschiffes oder Luftfahrzeuges im internationalen Verkehr ausgeübt wird, in dem Vertragstaat besteuert werden, in dem sich der Ort der tatsächlichen Geschäftsleitung des Unternehmens befindet.

Ausgleichung der DBest. im Wohnsitzstaat
Art. 23 (auszugsweise)

(1) Bei einer in der Bundesrepublik ansässigen Person wird die Steuer wie folgt festgesetzt:

(a) Von der Bemessungsgrundlage der deutschen Steuer werden die Einkünfte aus Quellen innerhalb Spaniens ausgenommen, die nach diesem Abkommen in Spanien besteuert werden können, es sei denn, daß Buchstabe (b) anzuwenden ist. Die Bundesrepublik behält aber das Recht, die auf diese Weise ausgenommenen Einkünfte und Vermögensteile bei der Festsetzung des Steuersatzes zu berücksichtigen.

Erläuterungen

Zu Abs. 1

120 Dienstleistungen innerhalb eines Arbeitsverhältnisses mit einem privaten (nicht öffentlichen) Arbeitgeber sind abzugrenzen von denen der Verwaltungsräte (Art. 16 DBA), Künstler und Sportler (Art. 17 DBA) sowie den Vergütungen für Ruhegehälter (Art. 18 DBA) und solchen aus öffentlichen Kassen (Art. 19 DBA). Zur Ansässigkeit, siehe Art. 4 Rdn. 31 ff.

Der Begriff der unselbständigen Arbeit ist nach inländischem Verständnis auszulegen, d. h. nach deutschem Recht gilt als Maßstab das Kriterium der Eingliederung in die Organisation des Arbeitgebers. Dies gilt nach dem spanischen Arbeitsgesetz (Gesetz vom 10. 3. 1980 i. V. m. dem Gesetz vom 2. 8. 1984) ebenfalls, wobei als spezielle Arbeitsverhältnisse behandelt werden u. a.: solche mit leitenden Angestellten ohne Gesamtverantwortung (bei Generaldirektoren und dessen Stellvertreter, Geschäftsführer, Generalsekretäre usw. gelten die Regeln des Bürgerlichen Gesetzbuches); selbständige Handelsvertreter, die im fremden Namen und auf fremde Rechnung arbeiten (B.O.E. vom 14. 6. 1982). Unselbständige Tätigkeiten sind nach spanischem Arbeitsrecht u. a. nicht: solche als bloßes Aufsichtsratmitglied einer Gesellschaft und diejenigen von Handelsagenten, die persönlich für den Erfolg des von ihnen vermittelten Geschäftes einzustehen haben. 121

Bei nachträglichen Vergütungen ist für die Abgrenzung vom Ruhegehalt (Art. 18 DBA) der Grund der Zahlung entscheidend: ist eine Versorgung beabsichtigt, liegt ein Ruhegehalt vor (BFH BStBl. 1972 II, 459); gilt eine Abfindung einen Pensionsanspruch ab, ist ebenfalls von einem Ruhegehalt auszugehen (BFH BStBl. 1976 II, 65). 122

Zu den Vergütungen gehören alle mit dem Arbeitsverhältnis sachlich zusammenhängenden Vergütungen (z. B. Ersatz von An- und Rückreisekosten, jedoch nicht die Zahlung von privaten Reisekosten). Sie umfassen alle Zahlungen, die dem Arbeitnehmer für den Zeitraum der Auslandstätigkeit zufließen (BFH BStBl. 1972 II, 459; 1973 II, 457); einmalige Zahlungen, die auch auf den Zeitraum der Inlandstätigkeit entfallen, sind aufzuteilen (BFH BStBl. 1970 II, 728), z. B. Weihnachtsgratifikationen und Urlaubsgeld, jedoch nicht Auslandsaufenthaltsvergütungen. Nach spanischem Arbeitsrecht ist Lohn alles, was der Arbeitnehmer im Rahmen des Arbeitsverhältnisses einschließlich des laufenden staatlichen Kindergeldes und der einmaligen staatlichen Zuschüsse für Heirat und Geburt eines Kindes erhält, jedoch nicht: Leistungen und Entschädigungen durch die Sozialversicherung, Entschädigungen für Versetzungen, Arbeitsunterbrechung oder Entlassung, Ersatzleistungen des Arbeitgebers für Ausgaben des Arbeitnehmers, die durch dessen berufliche Aktivitäten verursacht wurden. 123

Ausgeübt wird die aktive Tätigkeit dort, wo sich der Arbeitgeber aufhält. Bei Organen von Kapitalgesellschaften ist dies jedoch immer der Sitz der Gesellschaft (BFH BStBl. 1972 II, 68), es sei denn, daß der Arbeitnehmer im Interesse der Firma ins Ausland übersandt wurde (BFH BStBl. 1960 III, 441). Bei Unterlassung als Hauptpflicht (z. B. ein Wettbewerbsverbot) 124 ist der Ort der Ausübung dort, wo sich der Arbeitnehmer aufhält (BFH BStBl. 1970 II, 68), und bei einer Unterlassung als Nebenpflicht dort, wo der Arbeitnehmer die vorangegangene aktive Tätigkeit ausgeübt hat (BFH BStBl. 1978 II, 195).

Zu Abs. 2

125 Bei der Berechnung der 183-Tage-Frist während eines Steuerjahres = Kalenderjahres (FG Düsseldorf EFG 1980, 187) sind die üblichen Unterbrechungen der Tätigkeit (Urlaub, Krankheit, An- und Rückreise) nicht einzubeziehen, die betrieblich bedingten Unterbrechungen (z. B. wegen schlechter Witterungsbedingungen) jedoch zu berücksichtigen (OFD Kiel FR 1979, 565). Es zählen nur ganze Tage (BFH BStBl. 1965 III, 352).

126 Der Arbeitgeberbegriff ist wirtschaftlich auszulegen. Da dem Tätigkeitsstaat die Besteuerung dann zustehen soll, wenn der seiner Besteuerungshoheit unterliegende Gewinn durch den Lohnabzug geschmälert wird, ist auch eine Tochtergesellschaft als Arbeitgeber anzusehen, wenn sie Arbeitslohn zahlt (FG Düsseldorf EFG 1980, 447). Arbeitgeber ist auch der Verleiher, wenn er die Vergütung zahlt (BFH BStBl. 1978 II, 205). Eine Betriebstätte ist nicht Arbeitgeber.

127 Von einer Betriebstätte werden die Vergütungen nur dann „getragen“, wenn sie bei ihr Betriebsausgabe sind, d. h., daß diese Voraussetzung niemals bei einer Betriebstätte von Unternehmen im Sinne von Art. 8 DBA vorliegen kann.

Zu Abs. 3

128 Diese Sonderregelung schließt die Anwendung der Abs. 1 und 2 aus. Das Besteuerungsrecht des Wohnsitzstaates des Arbeitgebers besteht wie bei Abs. 2 nur im Rahmen der Freistellung unter Progressionsvorbehalt.

16. Aufsichtsratsvergütungen — Art. 16

Aufsichtsrats- oder Verwaltungsratsvergütungen und ähnliche Zahlungen, die eine in einem Vertragstaat ansässige Person in ihrer Eigenschaft als Mitglied des Aufsichts- oder Verwaltungsrates einer Gesellschaft bezieht,

die in dem anderen Vertragstaat ansässig ist, können in dem anderen Staat besteuert werden.

Ausgleichung der DBest. im Wohnsitzstaat
Art. 23 (auszugsweise)

(1) Bei einer in der Bundesrepublik ansässigen Person wird die Steuer wie folgt festgesetzt:

(a) Von der Bemessungsgrundlage der deutschen Steuer werden die Einkünfte aus Quellen innerhalb Spaniens ausgenommen, die nach diesem Abkommen in Spanien besteuert werden können, es sei denn, daß Buchstabe (b) anzuwenden ist. Die Bundesrepublik behält aber das Recht, die auf diese Weise ausgenommenen Einkünfte und Vermögensteile bei der Festsetzung des Steuersatzes zu berücksichtigen.

Erläuterungen

Zur Ansässigkeit, siehe Art. 4 Rdn. 31 ff.

„Aufsichtsrat- oder Verwaltungsrattätigkeit" ist aus deutscher Sicht die Überwachungstätigkeit durch die dafür bestimmten Organe einer Gesellschaft, wobei die gleichzeitige Vertretung der Gesellschaft nicht schädlich ist (RFH RStBl. 1936, 58). Geschäftsleitende Tätigkeit (RFH RStBl. 1936, 940), Tätigkeit eines staatlichen Treuhänders (BFH BStBl. 1954 III, 249) oder Übernahme einer bloßen repräsentativen Tätigkeit (BFH BStBl. 1978 II, 352) genießen keinen Abkommensschutz. Bei gemischter Tätigkeit muß aufgeteilt werden (so wohl MA-Komm. 77 zu Art. 16 Ziffer 2). 129

Da jedoch die englische Fassung des OECD-Musters („Board of Director") entsprechend dem angloamerikanischen Gesellschaftsrecht nicht zwischen aufsichts- und geschäftsleitender Tätigkeit der Organe einer Gesellschaft unterscheidet, kann m. E. der oben genannten Rechtsprechung nicht gefolgt werden. M. E. sind demnach beide Tätigkeiten ohne Aufteilung durch Art. 16 DBA geschützt. 130

Bemessungsgrundlage ist bei Zahlungen an ausländische Aufsichtsräte der Bruttobetrag (d. h. einschließlich der USt, siehe Art. 12 Rdn. 100). Dabei kommt es nach § 3 a Abs. 4 Nr. 3 UStG i. d. F. des SteuerbereinigungsG 1985 nicht mehr darauf an, ob sie ihren Wohnsitz innerhalb oder außerhalb des Gebietes der EG haben. 131

17. Einkünfte von Künstlern und Sportlern — Art. 17

Ungeachtet der Artikel 14 und 15 können Einkünfte, die berufsmäßige Künstler, wie Bühnen-, Film-, Rundfunk- oder Fernsehkünstler und Musiker, sowie Sportler aus ihrer in dieser Eigenschaft persönlich ausgeübten Tätigkeit beziehen, in dem Vertragstaat besteuert werden, in dem sie diese Tätigkeit ausüben.

Ausgleichung der DBest. im Wohnsitzstaat
Art. 23 (auszugsweise)

(1) Bei einer in der Bundesrepublik ansässigen Person wird die Steuer wie folgt festgesetzt:

(a) Von der Bemessungsgrundlage der deutschen Steuer werden die Einkünfte aus Quellen innerhalb Spaniens ausgenommen, die nach diesem Abkommen in Spanien besteuert werden können, es sei denn, daß Buchstabe (b) anzuwenden ist. Die Bundesrepublik behält aber das Recht, die auf diese Weise ausgenommenen Einkünfte und Vermögensteile bei der Festsetzung des Steuersatzes zu berücksichtigen.

Erläuterungen

Art. 17 DBA geht Art. 7, 14, 15 vor (MA-Komm. 77 zu Art. 17 Ziffer 1).

Zur Person, siehe Art. 3 Rdn. 27, 28; zur Ansässigkeit, siehe Art. 4 Rdn. 31 ff.

132 „Künstler" ist nach der englischen Fassung des MA 63/77 der „Entertainer", d. h. der in der Öffentlichkeit auftretende Künstler und nicht derjenige, der die Öffentlichkeit bei der Herstellung eines Werkes nicht einbezieht, z. B. nicht Regisseure, Schriftsteller oder Komponisten sowie in der Regel nicht Maler. Für den Begriff „künstlerisch" gilt die Verkehrsauffassung (BFH BStBl. 1981 II, 21/22). „Berufsmäßig" heißt nachhaltig, also Auftreten mehr als einmal.

133 Da die Tätigkeit des Künstlers „persönlich" sein muß, fallen Tournee-Theater, die eine Gesamtleistung mehrerer Künstler erbringen, nicht unter diesen Artikel, sondern unter Art. 7. Eine bloße Verwertung ist nach Art. 12 zu beurteilen; bei Schallplattenaufnahmen anläßlich eines öffentlichen Auftrittes fallen ⅓ der Vergütungen auf Art. 17 DBA und ⅔ auf Art. 12 DBA (FinMin vom 22. 11. 1974, S 2203 — 13 — VB 2). Künstler-

verwertungsgesellschaften erzielen gewerbliche Einkünfte gemäß Art. 7 DBA (BFH-Urteil vom 20. 6. 84 I R 240/81), wenn sie künstlerische Leistungen durch Dritte erbringen lassen; schließen sie jedoch den Vertrag im Namen des Künstlers mit dem Veranstalter ab oder treten sie als inländischer Veranstalter auf, gilt Art. 17 für Einkünfte des Künstlers (Aufwendungen des Vermittlers kürzen nicht die Bemessungsgrundlage i. S. v. § 50 a Abs. 4 EStG). Der Besteuerung der vom DFB gezahlten Prämien an sog. Fußballegionäre für Einsätze in der deutschen Nationalmannschaft steht der Art. 7 nur dann entgegen, wenn die Einsätze außerhalb der Bundesrepublik Deutschland erbracht werden.

Der Zeitpunkt der Zahlung ist unbeachtlich. 134

Zum Ort der Tätigkeit, siehe Art. 14 Rdn. 117 und Art. 15 Rdn. 124.

Wegen des Freistellungsverfahrens bei im Ausland tätigen beschränkt 135
steuerpflichtigen Film- und Fernsehfilmschaffenden, siehe Merkblatt des BfF, I 4 — S 1300 — 9/75 v. 24. 2. 1975; wegen der Besteuerung beschränkt steuerpflichtiger Korrespondenten und Autoren, siehe u. a. Erlasse des FinMin NW v. 26. 6. 1950 — S 2108 — 6703/VC und vom 25. 4. 1964 — S 2262 — 2 — VB 1.

18. Bezüge aus aktivem öffentlichen Dienst — Art. 18

(1) Vergütungen, die von der Bundesrepublik und einem Land oder einer ihrer autonomen öffentlichen Einrichtungen, örtlichen Behörden oder örtlichen Verwaltungen unmittelbar oder aus einem von ihnen errichteten Sondervermögen an eine natürliche Person für geleistete Dienste gezahlt werden, können in der Bundesrepublik besteuert werden. Diese Vergütungen sind von der spanischen Steuer befreit, es sei denn, daß diese Zahlung an einen spanischen Staatsangehörigen geleistet wird, der nicht zugleich die deutsche Staatsangehörigkeit besitzt.

(2) Vergütungen, die vom Spanischen Staat oder einer seiner autonomen öffentlichen Einrichtungen, örtlichen Behörden oder örtlichen Verwaltungen unmittelbar oder aus einem von ihnen errichteten Sondervermögen an eine natürliche Person für geleistete Dienste gezahlt werden, können in Spanien besteuert werden. Diese Vergütungen sind von der deutschen Steuer

befreit, es sei denn, daß die Zahlung an einen deutschen Staatsangehörigen geleistet wird, der nicht zugleich die spanische Staatsangehörigkeit besitzt.

(3) Auf Zahlungen für Dienstleistungen, die im Zusammenhang mit einer gewerblichen Tätigkeit eines Vertragstaates und eines Landes oder einer ihrer autonomen öffentlichen Einrichtungen, örtlichen Behörden oder örtlichen Verwaltungen erbracht werden, finden die Artikel 15, 16 und 17 Anwendung.

(4) Die Absätze 1 und 2 gelten auch für Vergütungen, die im Falle der Bundesrepublik die Deutsche Bundesbank, die Deutsche Bundesbahn und die Deutsche Bundespost, und im Falle Spaniens die Red Nacional de los Ferrocarriles Españoles (RENFE) zahlen.

Ausgleichung der DBest. im Wohnsitzstaat
Art. 23 (auszugsweise)

(b) Auf die deutsche Steuer von den nachstehenden aus Spanien stammenden Einkünften wird die spanische Steuer angerechnet, die nach diesem Abkommen gezahlt worden ist von

(dd) Vergütungen im Sinne des Artikels 18 Absatz 2, die an einen deutschen Staatsangehörigen gezahlt werden, der nicht zugleich spanischer Staatsangehöriger ist.

Erläuterungen

Zu Abs. 1 und 2

136 „Vergütungen", die von öffentlichen juristischen Personen einschließlich ihrer Sondervermögen (siehe auch Abs. 4) gezahlt werden, besteuert der zahlende Staat (sog. Kassenstaatsprinzip). Der Wohnsitzstaat stellt diese Einkünfte ohne Progressionsvorbehalt frei („. . . sind von der . . . Steuer befreit, . . ."), wenn der Empfänger nicht auch die Staatsangehörigkeit des Wohnsitzstaates besitzt, ansonsten rechnet er an. Letzteres gilt in der Regel für die sogenannten Ortskräfte einer Botschaft oder eines Konsulats, siehe auch Art. 27 Rdn. 197).

Wegen Ruhegehältern und ähnlichen Vergütungen, siehe Art. 19 Abs. 2 DBA.

Zu Abs. 3

137 Bei Bezügen natürlicher Personen, die von Gewerbebetrieben und allen wirtschaftlichen Betrieben öffentlicher juristischer Personen gezahlt wer-

den, die ein wenigstens teilweise reproduzierbares Eigenkapital haben, d. h. ihre Leistungen am Markt anbieten (ohne Rücksicht auf ihre Ausrichtungen nach dem Kostendeckungsprinzip), sowie bei Aufsichts- und Verwaltungsräten und bei Sportlern/Künstlern gelten die Art. 15 bis 17 DBA.

19. Versorgungsbezüge — Art. 19

(1) Ruhegehälter und ähnliche Vergütungen, die einer in einem Vertragstaat ansässigen Person für frühere unselbständige Arbeit gezahlt werden, können nur in diesem Staat besteuert werden.

(2) Ungeachtet des Absatzes 1 sind Ruhegehälter und ähnliche Vergütungen, die von einem Vertragstaat und einem Land oder einer ihrer autonomen öffentlichen Einrichtungen, örtlichen Behörden oder örtlichen Verwaltungen unmittelbar oder aus einem von ihnen errichteten Sondervermögen für frühere unselbständige Arbeit gezahlt werden, in dem anderen Vertragstaat von der Steuer befreit.

(3) Absatz 2 ist entsprechend anzuwenden auf Ruhegehälter, Renten und andere wiederkehrende oder einmalige Vergütungen, die einer natürlichen Person von einem Vertragstaat und einem Land oder einer ihrer autonomen öffentlichen Einrichtungen, örtlichen Behörden oder örtlichen Verwaltungen als Vergütung für einen Schaden gezahlt werden, der als Folge von Kriegshandlungen oder politischer Verfolgung entstanden ist.

Erläuterungen

Zu Abs. 1

„Ruhegehälter und ähnliche Vergütungen" sind solche, die der Versorgung 138
dienen und ihren Rechtsgrund in einem beendeten Arbeitsverhältnis haben (BFH BStBl. 1979 II, 64) bzw. Abfindungen, die einen solchen Anspruch abgelten, d. h. nicht: nachträgliche Zahlungen aus dem früheren Arbeitsverhältnis (BFH BStBl. 1972 II, 459), Abfindungen eines Arbeitnehmers für vorzeitiges Ausscheiden oder ein Wettbewerbsverbot (BFH BStBl. 1973 II, 757, 758; es gilt Art. 15 DBA), Ausgleichsansprüche gemäß § 89 HGB (es gilt Art. 7 DBA), Veräußerungsrenten (es gilt bei Versorgungsrenten Art. 19 DBA, ansonsten Art. 13 DBA), Renten aus einem Versicherungsverhältnis (es gilt in der Regel Art. 21 DBA).

Zur Ansässigkeit, siehe Art. 4 Rdn. 31 ff.

Zu Abs. 2 und 3

139 Ruhegehälter und ähnliche Vergütungen, die von öffentlichen juristischen Personen einschließlich ihrer Sondervermögen gezahlt werden — ohne Rücksicht darauf, ob sie hoheitlich oder gewerblich tätig werden —, gilt für die Besteuerung das Kassenstaatsprinzip; eine dem Art. 18 Abs. 3 DBA vergleichbare Regelung gibt es nicht. Der Wohnsitzstaat hat die Einkünfte ohne Progressionsvorbehalt freizustellen („ist von der Steuer befreit"). Das gilt insbesondere für Sozialversicherungsrenten. Auf die Staatsangehörigkeit des Empfängers kommt es im Unterschied zu den Bezügen aus aktivem öffentlichen Dienst (Art. 18 Abs. 1, 2 DBA) nicht an.

140 Wie diese Vergütungen werden auch gemäß Abs. 3 die Wiedergutmachungsrenten behandelt.

20. Bezüge für Studium und Ausbildung — Art. 20

Zahlungen, die ein Student oder Lehrling (einschließlich der Volontäre oder Praktikanten), der in einem Vertragstaat ansässig ist oder vorher dort ansässig war und der sich in dem anderen Vertragstaat ausschließlich zum Studium oder zur Ausbildung aufhält, für seinen Unterhalt, sein Studium oder seine Ausbildung erhält, werden in dem anderen Staat nicht besteuert, sofern ihm diese Zahlungen aus Quellen außerhalb des anderen Staates zufließen.

Erläuterungen

Art. 20 geht allen anderen Vorschriften des DBA vor.

141 Zur Ansässigkeit, siehe Art. 4 Rdn. 31 ff. Der Auszubildende kann auch in beiden Vertragstaaten ansässig sein, muß aber vor seinem Aufenthalt im Gastland unmittelbar vorher im anderen Vertragstaat ansässig gewesen sein (MA 63, 77 und MA-Komm. 77 zu Art. 20 Ziffer 2), d. h. es besteht kein Abkommensschutz für Personen, die aus einem Drittstaat ihren Wohnsitz in das Gastland verlegen.

142 „Ausschließlich zum Studium oder zur Ausbildung": Wenn die Ausbildung Hauptzweck des Aufenthaltes ist, ist eine nach den allgemeinen Regeln zu versteuernde Erwerbstätigkeit neben der Ausbildung unschädlich. Nach

Abschluß der Ausbildung wird Abkommensschutz noch für den Erwerb der Rückreisekosten gewährt.

Die Zahlungen müssen für „seinen Unterhalt, Studium oder Ausbildung“ 143
gezahlt werden, d. h., daß z. B. Entgelte für Kapitalüberlassung gemäß Art. 11 DBA oder Nutzungsüberlassung gemäß Art. 12 DBA nicht begünstigt sind. Die Zahlungen können auch aus Drittstaaten kommen, nicht aber aus dem Gastland.

21. Sonstige Einkünfte — Art. 21

Die in den vorstehenden Artikeln nicht ausdrücklich erwähnten Einkünfte einer in einem Vertragstaat ansässigen Person können nur in diesem Staat besteuert werden.

Erläuterungen

Zum Begriff Person, siehe Art. 3 Rdn. 27, 28. Zum Begriff Ansässigkeit, siehe Art. 4 Rdn. 31 ff.

Der Begriff „Einkünfte“ ist nach innerstaatlichem Recht (siehe Art. 3 144
Abs. 2 DBA) auszulegen. Einkünfte, die nicht in den Artikeln 6 bis 20 genannt sind, können z. B. sein: Unterhalts- und Schadensersatzleistungen, die keine Entschädigungen für entgangene Einkünfte gemäß Artikeln 6 bis 20 DBA sind, Drittstaateneinkünfte (MA-Komm. 77 zu Art. 21 Ziffer 1) usw. Dazu gehören auch alle vorbereitenden, nachträglichen und vergeblichen Aufwendungen bzw. Ausgaben.

22. Vermögensbesteuerung — Art. 22

(1) Unbewegliches Vermögen im Sinne des Artikels 6 Absatz 2 kann in dem Vertragstaat besteuert werden, in dem dieses Vermögen liegt.

(2) Bewegliches Vermögen, das Betriebsvermögen einer Betriebstätte eines Unternehmens darstellt oder das zu einer der Ausübung eines freien Berufes dienenden festen Einrichtung gehört, kann in dem Vertragstaat be-

steuert werden, in dem sich die Betriebstätte oder die feste Einrichtung befindet.

(3) Seeschiffe und Luftfahrzeuge im internationalen Verkehr und Betriebsvermögen, das nicht unbewegliches Vermögen darstellt und dem Betrieb dieser Schiffe und Luftfahrzeuge dient, können nur in dem Vertragstaat besteuert werden, in dem sich der Ort der tatsächlichen Geschäftsleitung des Unternehmens befindet.

(4) Alle anderen Vermögensteile einer in einem Vertragstaat ansässigen Person können nur in diesem Staat besteuert werden.

Ausgleichung der DBest. im Wohnsitzstaat
Art. 23 (auszugsweise)

(1) Bei einer in der Bundesrepublik ansässigen Person wird die Steuer wie folgt festgesetzt:

(a) Von der Bemessungsgrundlage der deutschen Steuer werden die innerhalb Spaniens gelegenen Vermögensteile ausgenommen, die nach diesem Abkommen in Spanien besteuert werden können, es sei denn, daß Buchstabe (b) anzuwenden ist. Die Bundesrepublik behält aber das Recht, die auf diese Weise ausgenommenen Einkünfte und Vermögensteile bei der Festsetzung des Steuersatzes zu berücksichtigen. Bei Dividenden ist Satz 1 nur anzuwenden auf die Dividenden, die

(aa) einer in der Bundesrepublik ansässigen Kapitalgesellschaft von einer in Spanien ansässigen Kapitalgesellschaft gezahlt werden, deren stimmberechtigte Anteile zu mindestens 25 vom Hundert der erstgenannten Gesellschaft gehören,

oder

(bb) aus den von einer sociedad de personas ausgeschütteten Gewinnen im Sinne von Artikel 10 Absatz 4 bestehen.

Von der Bemessungsgrundlage der deutschen Steuer werden ebenfalls Beteiligungen ausgenommen, deren Dividenden nach dem vorhergehenden Satz im Falle ihrer Ausschüttung auszunehmen wären.

(b) Auf die deutsche Steuer von dem in Spanien gelegenen Vermögen wird die spanische Steuer angerechnet, die nach diesem Abkommen gezahlt worden ist von

(ee) diesem Vermögen selbst, sofern dieses Vermögen nicht zu einer in Spanien gelegenen Betriebstätte tatsächlich gehört.

Erläuterungen

Zu Abs. 1

Zum „unbeweglichen Vermögen“, siehe Art. 6 Rdn. 52 ff. Für die Wertberechnung, insbesondere den Abzug von Schulden, gilt innerstaatliches Recht (Art. 3 Abs. 2 DBA). Eine Freistellung erfolgt für deutsche Gesellschaften trotz der Tatsache, daß in Spanien nur für natürliche Personen eine Vermögensteuer erhoben wird. 145

Zu Abs. 2

Der Begriff „bewegliches Vermögen“ umfaßt alles, was nach dem Recht des Betriebstättenstaates oder des Staates der festen Einrichtung nicht zum unbeweglichen Vermögen zählt (MA-Komm. 77 zu Art. 13 Ziffer 24), also z. B. auch immaterielle Wirtschaftsgüter wie Lizenzen, Firmenwert usw. Zum Begriff „bewegliches Vermögen“ aus spanischer Sicht, siehe Art. 6 Rdn. 53. 146

Als Teil des Betriebsvermögens dürfen die Wirtschaftsgüter einer Betriebstätte bzw. festen Einrichtung nicht außerbetriebliches Vermögen oder Teil des Betriebsvermögens des Stammhauses sein. Für die Abgrenzung zum Stammhaus gelten die Grundsätze des „Dealing at arm's length Prinzip“ (siehe dazu Art. 7 Rdn. 62 ff.). Es kommt also nicht auf die Lage des negativen oder positiven Wirtschaftsgutes, sondern nur darauf an, ob es der Betriebstätte bzw. festen Einrichtung „dient“. Eine Ausnahme gilt für die ausländischen Grundstücke, da sich die deutsche und spanische beschränkte Vermögensteuerpflicht nur auf inländische Grundstücke bezieht. Unter Umständen ist also nach der tatsächlichen Nutzung oder — bei nicht direkt zuordnenbaren Schulden — nach dem Umfang des Dotationskapitals (s. Art. 7 Rdn. 63) oder bei nicht direkt zurechenbaren Wirtschaftsgütern (z. B. Bestand des Bankkontos) nach geeigneten Schlüsseln (z. B. Umsatz) aufzuteilen. Der Wert der vom inländischen Hauptbetrieb gelieferten Vorräte am Bewertungsstichtag ist als „Schuld“ an das inländische Stammhaus und „Forderung“ des inländischen Stammhauses an die Auslandsbetriebstätte auszuweisen (BFH BStBl. 1972 II, 374). Soweit die Wirtschaftsgüter direkt zuzuordnen sind, ist m. E. eine Aufteilung nach der indirekten Methode (siehe Art. 7 Rdn. 67) nicht zulässig. 147

Zu Abs. 3

148 Zu Seeschiffen und Luftfahrzeugen, siehe Art. 8 DBA; zum unbeweglichen Vermögen, siehe Art. 6 Rdn. 52 ff.; zum Ort der Geschäftsleitung, siehe Art. 3 Abs. 1 DBA.

Zu Abs. 4

149 Die Doppelbesteuerung von beweglichen Wirtschaftsgütern, an denen Nutzungsrechte bestehen, durch den Staat, in dem der Eigentümer des Wirtschaftsgutes ansässig ist, und den anderen Staat, in dem der Nutzungsberechtigte seinen Wohnsitz hat, wird durch diesen Artikel nicht ausgeschlossen (MA-Komm. 77 zu Art. 22 Ziffer 6). Sie ist aber durch das innerstaatliche Steuerrecht der Vertragstaaten ausgeschlossen, da der Nießbrauch und andere Nutzungsrechte nicht mit dem vollen Wert des Nutzungsgutes, sondern nur mit dem von dem Eigentümer abziehbaren Kapitalwert angesetzt werden.

23. Ausgleichung der DBest. im Wohnsitzstaat — Art. 23

(1) Bei einer in der Bundesrepublik ansässigen Person wird die Steuer wie folgt festgesetzt:

(a) Von der Bemessungsgrundlage der deutschen Steuer werden die Einkünfte aus Quellen innerhalb Spaniens und die innerhalb Spaniens gelegenen Vermögensteile ausgenommen, die nach diesem Abkommen in Spanien besteuert werden können, es sei denn, daß Buchstabe (b) anzuwenden ist. Die Bundesrepublik behält aber das Recht, die auf diese Weise ausgenommenen Einkünfte und Vermögensteile bei der Festsetzung des Steuersatzes zu berücksichtigen. Bei Dividenden ist Satz 1 nur anzuwenden auf die Dividenden, die

(aa) einer in der Bundesrepublik ansässigen Kapitalgesellschaft von einer in Spanien ansässigen Kapitalgesellschaft gezahlt werden, deren stimmberechtigte Anteile zu mindestens 25 vom Hundert der erstgenannten Gesellschaft gehören,

oder

(bb) aus den von einer sociedad de personas ausgeschütteten Gewinnen im Sinne von Artikel 10 Absatz 4 bestehen.

Von der Bemessungsgrundlage der deutschen Steuer werden ebenfalls Beteiligungen ausgenommen, deren Dividenden nach dem vorhergehenden Satz im Falle ihrer Ausschüttung auszunehmen wären.

(b) Auf die deutsche Steuer von den nachstehenden aus Spanien stammenden Einkünften oder von dem in Spanien gelegenen Vermögen wird die spanische Steuer angerechnet, die nach diesem Abkommen gezahlt worden ist von

(aa) den nicht unter Buchstabe (a) fallenden Dividenden:

(bb) Zinsen; fließen die Zinsen einem Bankinstitut zu und ist die Steuer, der sie in Spanien unterliegen, auf Grund des Decreto-Ley 19/1961 vom 19. Oktober 1961 niedriger als 10 vom Hundert ihres Bruttobetrages, so sind 10 vom Hundert des Bruttobetrages der Zinsen anzurechnen;

(cc) Lizenzgebühren;

(dd) Vergütungen im Sinne des Artikels 18 Absatz 2, die an einen deutschen Staatsangehörigen gezahlt werden, der nicht zugleich spanischer Staatsangehöriger ist;

(ee) Einkünften aus unbeweglichem Vermögen oder diesem Vermögen selbst, sofern dieses Vermögen nicht zu einer in Spanien gelegenen Betriebstätte tatsächlich gehört.

(2) Bei einer in Spanien ansässigen Person wird die Steuer wie folgt festgesetzt:

(a) Einkünfte oder Vermögen, die nach diesem Abkommen in der Bundesrepublik besteuert werden können, sind vorbehaltlich des Buchstaben (b) von der spanischen Steuer befreit; Spanien kann jedoch bei der Berechnung der Steuer von den restlichen Einkünften oder Vermögensteilen der betreffenden Person den Steuersatz anwenden, der anzuwenden wäre, wenn die steuerfreien Einkünfte oder Vermögensteile nicht von der Steuer befreit wären.

(b) Die deutsche Steuer von den Einkünften, die nach Artikel 10 Absätze 2 und 3, nach Artikel 11 Absatz 2, nach Artikel 12 Absatz 2 und nach Artikel 18 Absatz 1 in der Bundesrepublik besteuert werden können und die nicht von der spanischen Steuer befreit sind, wird auf die spanische Steuer angerechnet. Die deutsche Steuer von Einkünften aus unbeweglichem Vermögen, das in der Bundesrepublik gelegen ist und das nicht zu einer in der Bundesrepublik gelegenen Betriebstätte tatsächlich

gehört, oder die deutsche Steuer von diesem unbeweglichen Vermögen wird auf die spanische Steuer von diesen Einkünften oder von diesem Vermögen angerechnet. Der anzurechnende Betrag darf aber in allen diesen Fällen den Teil der vor der Anrechnung errechneten Steuer nicht übersteigen, der auf die aus der Bundesrepublik stammenden Einkünfte oder auf das in der Bundesrepublik gelegene Vermögen entfällt. Die in der Bundesrepublik entrichtete Steuer wird in Übereinstimmung mit diesem Absatz auch auf die entsprechenden spanischen Vorsteuern angerechnet.

Erläuterungen

Zu Abs. 1: Besteuerung in der BRD als Wohnsitzstaat

a) **Freistellung** (zum Progressionsvorbehalt s. Rdn. 158)

150 Für die Auslegung des Begriffs „Einkünfte aus Quellen innerhalb Spaniens“ können § 34 d EStG und für „die innerhalb Spaniens gelegenen Vermögensteile“ §§ 11, Abs. 2 VStG, 121 Abs. 2 und 3 BewG herangezogen werden. Die Freistellung nach Abs. 1 Buchst. a) bezieht sich auf:

- Einkünfte und Vermögen von in Spanien gelegenen Betriebstätten (Art. 6, 7, 13 Abs. 2, 22 Abs. 1, 2 DBA),
- Einkünfte aus Seeschiffahrt und Luftfahrt sowie dem Betrieb dieser Schiffe und Luftfahrzeuge dienendes bewegliches Vermögen mit tatsächlicher Geschäftsleitung in Spanien (Art. 8, 13 Abs. 2, 22 Abs. 3 DBA),
- Einkünfte und Vermögen von spanischen Tochtergesellschaften (Art. 7, 9, 22 Abs. 1, 4 DBA),
- Einkünfte und in Spanien belegenes bewegliches Vermögen von festen Einrichtungen der Freiberufler (Art. 13 Abs. 2, 14, 22 Abs. 2 DBA),
- Veräußerung von in Spanien belegenem unbeweglichen Vermögen (Art. 13 Abs. 2 DBA),
- Arbeitseinkünfte, die aus einer während 183 Tage dauernden in Spanien ausgeübten Tätigkeit zu Lasten einer dortigen Betriebstätte oder Gesellschaft gezahlt werden (Art. 15 Abs. 2 DBA),
- Aufsichtsratsvergütungen einer spanischen Gesellschaft an ihren in der BRD ansässigen Aufsichts- oder Verwaltungsrat (Art. 16 DBA),

- in Spanien tätige, aber in der BRD ansässige Künstler oder Sportler (Art. 17 DBA),
- Vergütungen aus spanischen öffentlichen Kassen an einen deutschen Staatsangehörigen, der gleichzeitig die spanische Staatsangehörigkeit besitzt (Art. 18 Abs. 2, 2. Satz DBA),
- Versorgungsbezüge aus spanischen Kassen (Art. 19 Abs. 2 DBA),
- Bezüge für Studium und Ausbildung, wenn der Auszubildende auch in Spanien ansässig ist (Art. 20 DBA) und

- Schachteldividenden und Beteiligungen (Art. 10 Abs. 2 a i.V.m. Art. 23 151 Abs. 1 Buchst. a aa, S. 4 DBA) sowie ausgeschüttete Gewinne aus spanischen Personengesellschaften (Art. 10 Abs. 2, 4 i.V.m. Art. 23 Abs. 1 Buchst. a bb, S. 4 DBA).

Schachteldividenden und -beteiligungen werden im Ergebnis behandelt wie eine spanische Betriebstätte. Die Schachtelbeteiligung von 25 % ist gemäß § 26 Abs. 7 KStG (Steuerentlastungsgesetz 84 — BStBl. 1984 I, 14 —) einseitig für Zwecke der Steuerbefreiung auf 10 % herabgesetzt worden. Die Anteile an der spanischen Tochter „gehören" der deutschen Mutter, wenn sie an ihr unmittelbar als Anteilseigner beteiligt ist (BFH BStBl. 1973 II, 57/59; 1975 II, 584/586).

Alle Voraussetzungen des Schachtelprivilegs müssen im Zeitpunkt des Ent- 152
stehens der Steuerschuld im Quellenstaat vorliegen, d. h. für Zwecke der Ertragsteuern mit Abfluß der Dividenden und — da es in Spanien keine Vermögensteuer der juristischen Personen gibt — für Zwecke der deutschen Vermögensteuer mit Beginn des Kalenderjahres gemäß § 5 Abs. 1 VStG.

Lt. Notenwechsel vom 5. 12. 1966 (BStBl. 1968 I, 304) gilt das Schachtel- 153
privileg aber nur, wenn die Einkünfte ausschließlich oder fast ausschließlich (= 90 %) aus der wirtschaftlichen Tätigkeit der spanischen Tochtergesellschaft stammen: s. Anhang Anlage 5.

Die Freistellung ist jedoch nicht unbeschränkt, da die spanischen Einkünfte 154
einer deutschen juristischen Person im Rahmen der Herstellung der Ausschüttungsbelastung gemäß § 27 KStG mit 36 % deutscher Körperschaftsteuer nachbelastet werden (was für eine abkommenswidrige Regelung gehalten wird, so Wohlschlegel FR 1976, 243; Telkamp FR 1977, 313/319; a. A. Manke StbJb 1977/78, 269).

155 Ausländische Verluste können nicht in die deutsche Steuerbemessungsgrundlage einbezogen werden. Dies gilt auch für Teilwertabschreibungen auf in Spanien belegene Grundstücke (BFH BStBl. 1972 II, 948/949) und für Vermögensminderungen im Zusammenhang mit der Errichtung einer Betriebstätte (BFH BStBl. 1983 II, 566/569), jedoch nicht für Teilwertabschreibungen auf Beteiligungen, deren innerer Wert wegen Veräußerungsverluste gemindert ist (BFH BStBl. 1973 II, 873). Verluste aus gescheiterten Betriebstättengründungen können jedoch in entsprechender Anwendung des § 2 AIG abgezogen werden (BFH BStBl. 1983 II, 566/569). Die Gewinnzurechnung im Rahmen des § 2 AIG ist nicht deshalb durch § 2 Abs. 1 S. 4 AIG ausgeschlossen, weil in Spanien der Gewinn nicht den Gesellschaftern, sondern der Gesellschaft zugerechnet wird, da diese Gesetzeslücke durch teleologische Extension zu schließen ist, ohne daß auf Veräußerungsgewinne die Steuersatzbegünstigung der §§ 16, 34 EStG anzuwenden ist (so FG Rheinland-Pfalz v. 26. 6. 1985, 1 K 75/84).

156 Betriebsausgaben bzw. Werbungskosten im Zusammenhang mit den o. g. lt. DBA steuerbefreiten Einnahmen sind nur abzugsfähig, sofern ihnen im Abzugsjahr keine Erträge gegenüberstehen (BFH BStBl. 1971, II 694/695), ansonsten gilt § 3 c EStG.

157 Nach einem Beschluß der Außensteuerreferenten der Länder sind bei Schachteldividenden die freizustellenden Einnahmen gemäß § 3 c EStG um alle Betriebsausgaben zu kürzen, die mit den Schachteldividenden in unmittelbaren oder mittelbarem Zusammenhang stehen, d. h. auch Finanzierungskosten und ausschüttungsbedingte Teilwertabschreibungen. Dies ist aber für den Bereich der ausschüttungsbedingten Teilwertabschreibung nicht zutreffend, da sie nicht mit den steuerbefreiten Schachteleinnahmen im Zusammenhang steht. Außerdem müssen sich nach der Rechtsprechung des BFH (BStBl. 1967 III, 92/94 für das nationale Schachtelprivileg des § 9 Abs. 1 KStG a. F.) alle Veränderungen einer Schachtelbeteiligung auf den Gewinn auswirken, wenn nur die Erträge steuerbefreit sind und im übrigen die Einbeziehung der Beteiligung in den steuerlichen Bestandsvergleich von der Steuerbefreiung unberührt bleibt. Auf die Rechtsprechung (BFH BStBl. 1983 II, 272) läßt sich auch die Abziehbarkeit der Finanzierungskosten stützen, da danach unter dem Begriff der nach § 3 c EStG nicht abziehbaren Ausgaben nur die durch Aufschlüsselung bestimmten Einnahmen direkt zuzuordnenden Ausgaben fallen; eine Aufschlüsselung ist jedoch bei Finanzierungskosten m. E. nicht möglich.

b) **Freistellung mit Progressionsvorbehalt** (Abs. 1 Buchst. a, S. 2)

158 Der Progressionsvorbehalt gilt nicht für Einkünfte aus spanischen öffentlichen Kassen, die von der Wohnsitzbesteuerung absolut befreit sind (Art. 18 Abs. 2 S. 2, 19 Abs. 2 DBA — Zahlung an einen Steuerpflichtigen mit deutscher und spanischer Staatsangehörigkeit —) und Ausschüttungen aus spanischen Personengesellschaften (da Satz 3 nur Satz 1 und nicht auch Satz 2 für anwendbar erklärt). Die spanische Körperschaftsteuer und die Quellensteuer sind bei der Ermittlung der spanischen Einkünfte nicht zu berücksichtigen (siehe auch Abschn. 185 Abs. 1 Satz 5 EStR).

159 Die Durchführung des Progressionsvorbehaltes bestimmt sich nach deutschem Recht (§ 32 b EStG), d. h. wenn nach § 46 EStG eine Veranlagung durchzuführen ist (also nicht im Rahmen des Lohnsteuer-Jahresausgleiches). Zu diesem Zweck sind bei Ehegattenveranlagung auch die spanischen Einkünfte des Ehegatten in die Veranlagung einzubeziehen (BFH BStBl. 1983 II, 34).

160 Für den Ansatz von Verlusten ist § 2 a EStG zu beachten (der deshalb nicht abkommenswidrig ist, weil die Regelung des Progressionsvorbehaltes dem deutschen Gesetzgeber als Wohnsitzstaat vorbehalten ist). Unter Umständen kann es aber günstiger sein, einen Antrag nach § 2 AIG zu stellen.

161 Im Rahmen des § 3 AIG werden Währungsverluste berücksichtigt, wenn von dem in der Praxis der deutschen Finanzverwaltung eingeräumten Wahlrecht Gebrauch gemacht wird, den Gewinn in spanischer Währung zu ermitteln und zum Stichtag in DM umzurechnen. Bei Betriebstätten wirken sich Währungsschwankungen nicht über § 2 AIG auf das Stammhaus aus, weil das Betriebsvermögen der Betriebstätte ein Teil des Betriebsvermögens des Gesamtunternehmens darstellt und deshalb die steuerliche Gewinnermittlung nicht in Peseten, sondern nur in DM durchgeführt werden darf; in der Praxis werden die Bestands- und Ergebniskonten zu den historischen Kursen in die inländische Buchführung übernommen.

162 c) **Anrechnung** (Abs. 1 Buchst. b)

Anrechnungsberechtigt ist nur der Schuldner der spanischen Quellensteuer, der sie „gezahlt" hat oder für den sie „gezahlt worden ist". Es ist also nur die direkte, nicht eine indirekte Anrechnung möglich. Spanische Körperschaftsteuer wird im Wege der indirekten Anrechnung nur über § 26 Abs. 2 KStG berücksichtigt; für die spanische Vermögensteuer der natürlichen Personen gilt § 11 VStG und für die Gewerbesteuer §§ 9 Nr. 7, 12 Abs. 3 Nr. 3 Gewerbesteuergesetz. Statt der Anrechnung ist auch wahlweise der

Abzug der Quellensteuer vom Gesamtbetrag der Einkünfte gemäß § 34 c Abs. 2, 26 Abs. 6 KStG erlaubt.

163 Die Auslegung der in aa) bis ee) genannten Einkünfte richtet sich nach den zu den jeweiligen Artikeln gemachten Ausführungen und nicht nach deutschem Steuerrecht, d. h. z. B. für die Einkünfte aus Land- und Forstwirtschaft, daß sie nicht als gewerbliche Einkünfte gemäß § 7 DBA, sondern als Einkünfte aus unbeweglichem Vermögen gemäß Art. 6 anzusehen sind und nicht zur Freistellung, sondern nur zur Anrechnung gemäß Art. 23 Abs. 1 b ee berechtigen (Erlaß des BMF vom 23. 3. 1982, BStBl. 1982 I, 372).

164 Anzurechnen ist die spanische Ertragsteuer, die auf die im Veranlagungszeitraum bezogenen Einkünfte entfällt (gemäß §§ 34 c Abs. 6 Satz 2 i.V.m. Abs. 2 Satz 3 EStG — Anwendung der deutschen Vorschriften, da keine Regelung im DBA —). Die spanische Vermögensteuer ist auf die deutsche Vermögensteuer des Kalenderjahres anzurechnen, für das sie erhoben wurde (Schreiben des BMF vom 21. 1. 1981, IV C 6 — S 1301— Span — 32/80). Der Höchstbetrag der Anrechnung der spanischen Steuer ist „die deutsche Steuer von den nachstehend aus Spanien stammenden Einkünften oder von dem in Spanien gelegenen Vermögen".

165 Die in Buchst. bb) genannte Möglichkeit des tax sparing für Banken bezieht sich zwar nur auf das zwischenzeitlich aufgehobene Dekret 19/1986 vom 19. Oktober 1961, gilt aber gemäß Art. 2 Nr. 4 DBA gleichermaßen für die inhaltsgleiche Steuerbegünstigung (von 95 % der Körperschaftsteuer) des § 25 c Abs. 2 des spanischen KStG.

Zu Abs. 2 Besteuerung in Spanien als Wohnsitzstaat

166 Spanien hat sich lt. Buchstabe a) generell für die Freistellung der deutschen Einkünfte und Vermögen entschieden; von dem Progressionsvorbehalt ist bisher in den spanischen Steuergesetzen noch kein Gebrauch gemacht worden.

167 Eine Ausnahme von der Freistellung und Übergang zur Anrechnungsmethode wird in Buchst. b) für folgende Einkünfte gemacht: Dividenden gemäß Art. 10 Abs. 2, 3 DBA, Zinsen gemäß Art. 11 Abs. 2 DBA, Lizenzen gemäß Art. 12 Abs. 2 DBA und aktive Bezüge aus öffentlichen deutschen Kassen an einen Empfänger mit spanischer Staatsangehörigkeit gemäß Art. 18 Abs. 1 DBA. Das gleiche gilt für die deutsche Steuer auf laufende Einkünfte aus unbeweglichem deutschen Vermögen, das nicht Teil

einer Betriebstätte ist, sowie für die deutsche Vermögensteuer auf diesen Vermögen. In allen Fällen der Anrechnung wird nur der Teil der deutschen Steuer auf die entsprechende spanische Steuer (einschließlich der Steuern auf ländliches und städtisches Grundvermögen und Gewerbelizenzsteuer) berücksichtigt, der auf die deutschen Einkünfte oder das in der BRD belegene Vermögen entfällt.

24. Steuerliche Gleichbehandlung von Staatsangehörigen und Unternehmen — Art. 24

(1) Die Staatsangehörigen eines Vertragstaates dürfen in dem anderen Vertragstaat weder einer Besteuerung noch einer damit zusammenhängenden Verpflichtung unterworfen werden, die anders oder belastender sind als die Besteuerung und die damit zusammenhängenden Verpflichtungen, denen die Staatsangehörigen des anderen Staates unter gleichen Verhältnissen unterworfen sind oder unterworfen werden können.

(2) Insbesondere haben die Staatsangehörigen eines Vertragstaates, die in dem anderen Vertragstaat der Besteuerung unterliegen, Anspruch auf alle Steuerbefreiungen, -vergünstigungen und -ermäßigungen, die auf Grund des Personenstandes oder der Familienlasten den Staatsangehörigen des anderen Vertragstaates unter gleichen Verhältnissen gewährt werden.

(3) Der Ausdruck „Staatsangehörige" bedeutet:

(a) in bezug auf die Bundesrepublik alle Deutschen im Sinne des Artikels 116 Absatz 1 des Grundgesetzes für die Bundesrepublik Deutschland sowie alle Gesellschaften, die nach dem in der Bundesrepublik geltenden Recht errichtet worden sind;

(b) in bezug auf Spanien alle natürlichen Personen, die nach dem Código Civil die spanische Staatsangehörigkeit besitzen, und alle Gesellschaften, die nach dem in Spanien geltenden Recht errichtet worden sind.

(4) Staatenlose dürfen in einem Vertragstaat weder einer Besteuerung noch einer damit zusammenhängenden Verpflichtung unterworfen werden, die anders oder belastender sind als die Besteuerung und die damit zusammenhängenden Verpflichtungen, denen die Staatsangehörigen dieses Staates unter gleichen Verhältnissen unterworfen sind oder unterworfen werden können.

(5) Die Besteuerung einer Betriebstätte, die ein Unternehmen eines Vertragstaates in dem anderen Vertragstaat hat, darf in dem anderen Staat nicht ungünstiger sein als die Besteuerung von Unternehmen des anderen Staates, die die gleiche Tätigkeit ausüben.

Diese Bestimmung ist nicht so auszulegen, als verpflichte sie einen Vertragstaat, den in dem anderen Vertragstaat ansässigen Personen Steuerfreibeträge, -vergünstigungen und -ermäßigungen auf Grund des Personenstandes oder der Familienlasten zu gewähren, die er den in seinem Hoheitsgebiet ansässigen Personen gewährt.

(6) Die Unternehmen eines Vertragstaates, deren Kapital ganz oder teilweise, unmittelbar oder mittelbar, einer in dem anderen Vertragstaat ansässigen Person oder mehreren solchen Personen gehört oder ihrer Kontrolle unterliegt, dürfen in dem erstgenannten Vertragstaat weder einer Besteuerung noch einer damit zusammenhängenden Verpflichtung unterworfen werden, die anders oder belastender sind als die Besteuerung und die damit zusammenhängenden Verpflichtungen, denen andere ähnliche Unternehmen des erstgenannten Staates unterworfen sind oder unterworfen werden können.

(7) In diesem Artikel bedeutet der Ausdruck „Besteuerung" Steuern jeder Art und Bezeichnung.

Erläuterungen

Zu Abs. 1

168 Da sich diese Vorschrift auf „Staatsangehörige" bezieht, verstößt die Nichtanrechnung der KSt bei „Nichtansässigen" nicht gegen diese Vorschrift. Geschützt sind nur die Steuerpflichtigen selber, nicht die Personen, für die sie Aufwendungen machen (z. B. die außerhalb des Gastlandes lebenden Kinder und Eltern eines Gastarbeiters). Eine andere rechtliche oder tatsächliche Behandlung als die der Staatsangehörigen des besteuernden Staates reicht aus; eine höhere Steuerbelastung ist nicht notwendige Voraussetzung. Keine Vergleichbarkeit („gleiche Verhältnisse") besteht mit öffentlichen Rechtsträgern und gemeinnützigen Unternehmen.

Zu Abs. 4

169 Die Staatenlosen müssen — um Abkommensschutz zu genießen — in einem der Vertragsstaaten ansässig sein.

Zu Abs. 5

Die Betriebstätte muß mit einem rechtlich selbständigen Unternehmen, das die gleiche Tätigkeit ausübt, gleichgestellt werden (MA-Komm. 77 zu Art. 24 Ziffer 23, 25). Die Besteuerung kann „anders“ im Sinne von Abs. 1, aber nicht belastender sein. Das Diskriminierungsverbot betrifft nur betriebsbezogene, nicht persönliche Besteuerungskriterien (BFH BStBl. 1969 II, 466/468); insoweit verstößt die Versagung der Anrechnung/Vergütung deutscher Körperschaftsteuer an Nichtansässige nicht gegen Abs. 5. Keine Vergleichbarkeit besteht mit öffentlichen Rechtsträgern und gemeinnützigen Unternehmen. 170

Auch wenn die praktische Bedeutung des Art. 24 gering ist, könnte der Abs. 5 für die zumindest unglücklich formulierten Regelungen des spanischen Körperschaftsteuerrechtes zur Betriebstätte in Zukunft Bedeutung gewinnen. 171

Zu Abs. 6

Unter den Abkommensschutz fallen nur die von dem anderen Vertragstaat aus kontrollierten Unternehmen, nicht deren Gesellschafter, d. h. auch unter diesem Gesichtspunkt ist die Nichtanrechnung der Vergütung der deutschen Körperschaftsteuer nicht abkommenswidrig. Die Benachteiligung muß auf die Beteiligung von im jeweiligen anderen Vertragstaat ansässigen Personen zurückzuführen sein. 172

Zu Abs. 7

Das Diskriminierungsverbot bezieht sich auf alle Steuern und lt. Briefwechsel vom 5. 12. 1966 auch auf Gebühren für die Erteilung einer Arbeitserlaubnis. 173

25. Rechtsmittel, Verständigungsverfahren — Art. 25

(1) Ist eine in einem Vertragstaat ansässige Person der Auffassung, daß die Maßnahmen eines Vertragstaates oder beider Vertragstaaten für sie zu einer Besteuerung geführt haben oder führen werden, die diesem Abkommen nicht entspricht, so kann sie unbeschadet der nach innerstaatlichem

Recht dieser Staaten vorgesehenen Rechtsmittel ihren Fall der zuständigen Behörde des Vertragstaates unterbreiten, in dem sie ansässig ist.

(2) Hält diese zuständige Behörde die Einwendung für begründet und ist sie selbst nicht in der Lage, eine befriedigende Lösung herbeizuführen, so wird sie sich bemühen, den Fall durch Verständigung mit der zuständigen Behörde des anderen Vertragstaates so zu regeln, daß eine dem Abkommen nicht entsprechende Besteuerung vermieden wird.

(3) Die zuständigen Behörden der Vertragstaaten werden sich darüber verständigen, wie die in den Artikeln 10, 11 und 12 vorgesehenen Steuerbegrenzungen verwirklicht werden sollen.

(4) Die zuständigen Behörden der Vertragstaaten werden sich bemühen, Schwierigkeiten oder Zweifel, die bei der Auslegung oder Anwendung des Abkommens entstehen, in gegenseitigem Einvernehmen zu beseitigen. Sie können auch gemeinsam darüber beraten, wie eine Doppelbesteuerung in Fällen, die in dem Abkommen nicht behandelt sind, vermieden werden kann.

(5) Die zuständigen Behörden der Vertragstaaten können zur Herbeiführung einer Einigung im Sinne der vorstehenden Absätze unmittelbar miteinander verkehren. Erscheint ein mündlicher Meinungsaustausch für die Herbeiführung der Einigung zweckmäßig, so kann ein solcher Meinungsaustausch in einer Kommission durchgeführt werden, die aus Vertretern der zuständigen Behörden der Vertragstaaten besteht.

Erläuterungen

Zu Abs. 1

174 Die abkommenswidrige Besteuerung („Besteuerung ..., die diesem Abkommen nicht entspricht...“) kann in einer fehlerhaften Auslegung und/oder Anwendung des DBA bzw. fehlerhaften Feststellung des Sachverhaltes bestehen; Doppelbesteuerung ist keine notwendige Voraussetzung.

175 Das Verständigungsverfahren kann form- und fristlos vor, neben (BFH BStBl. 1982 II, 583) oder nach dem innerstaatlichen Besteuerungsverfahren bei dem BMF (Art. 3 Abs. 1 i) DBA) beantragt werden, dem der Antrag aber zweckmäßigerweise auf dem Dienstweg über Finanzamt, OFD, Finanzministerium des Landes mit der Stellungnahme der jeweiligen Behörde zugesandt werden sollte.

Zu Abs. 2

Auf die Einleitung des Verständigungsverfahrens durch das BMF hat der Steuerpflichtige nur den Anspruch auf fehlerfreie Ermessensausübung („Bemühen"; BFH BStBl. 1982 II, 583). Ein Antrag auf Einleitung unterbricht die Festsetzungsfrist. 176

Im Verfahren hat der Steuerpflichtige Anspruch auf Gehör (MA-Komm. 77 zu Art. 25 Ziffer 39) und erweiterte Mitwirkungspflichten (§ 90 Abs. 2 AO). 177

Eine Verpflichtung zur Einigung besteht nicht (im Hinblick auf den Eintritt Spaniens in die EG sollte für die Zukunft auch noch die sogenannte Schiedsrichtlinie — BT-Drucksache 8/740 vom 7. 7. 1977 — beachtet werden, die eine verbindliche Entscheidung eines ständigen Ausschusses vorsieht). Nach Einigung kann auch ein bestandskräftiger Steuerbescheid innerhalb der Festsetzungsfrist geändert werden (Verwaltungsgrundsätze zur Einkunftsabgrenzung, Abschn. 1.2.3, BStBl. 1983 I, 219); ob dies auch für die Rechtskraft gerichtlicher Urteile gilt, ist zweifelhaft. Kosten entstehen im Verständigungsverfahren für den Steuerpflichtigen nicht. 178

Zu Abs. 4

In den Konsultationsverfahren (die nichts mit dem in Abs. 1 geregelten, einen Einzelfall betreffenden Verständigungsverfahren zu tun haben) geschlossene Verwaltungsvereinbarungen haben keine Rechtswirkungen, sondern stellen nur eine Interpretationshilfe für die Auslegung des DBA dar (BFH BStBl. 1963 III, 212; 1969 II, 579). 179

26. Zusammenarbeit der Steuerbehörden — Art. 26

(1) Die zuständigen Behörden der Vertragstaaten werden die Informationen austauschen, die erforderlich sind zur Durchführung dieses Abkommens und des innerstaatlichen Rechts der Vertragstaaten betreffend die unter das Abkommen fallenden Steuern, soweit die diesem Recht entsprechende Besteuerung mit dem Abkommen in Einklang steht. Alle so ausgetauschten Informationen sind geheimzuhalten und dürfen nur solchen Personen oder Behörden zugänglich gemacht werden, die mit der Veranlagung oder Erhebung der unter das Abkommen fallenden Steuern befaßt sind.

(2) Absatz 1 ist auf keinen Fall so auszulegen, als verpflichte er einen der Vertragstaaten:

(a) Verwaltungsmaßnahmen durchzuführen, die von den Gesetzen oder der Verwaltungspraxis dieses oder des anderen Vertragstaates abweichen;

(b) Angaben zu übermitteln, die nach den Gesetzen oder im üblichen Verwaltungsverfahren dieses oder des anderen Vertragstaates nicht beschafft werden können;

(c) Informationen zu erteilen, die ein Handels-, Geschäfts-, Gewerbe- oder Berufsgeheimnis oder ein Geschäftsverfahren preisgeben würden oder deren Erteilung der öffentlichen Ordnung widerspräche.

Erläuterungen

Zu Abs. 1

180 „Die zuständigen Behörden“ sind auf deutscher und spanischer Seite die Finanzministerien der Vertragstaaten (Art. 3 Abs. 1 i) DBA). Das deutsche Finanzministerium hat die Aufgabe des Empfangs und der Versendung von Kontrollmaterial (KM) auf das Bundesamt für Finanzen delegiert (§ 5 Abs. 1 Nr. 5 FVG i. V. m. dem Erlaß vom 15. 9. 1975 (BStBl. 1975 I, 1018/1023).

181 „Informationen austauschen“: Die erbetene/gegebene Information, auf die ein Rechtsanspruch besteht, muß sich nicht auf einen Steuerpflichtigen allein beschränken, sondern kann sich auf eine Vielzahl von Steuerpflichtigen mit gleichen Merkmalen (z. B. Lizenz-, Dividendenbeziehungen, Künstler usw.) erstrecken. Sie können auch allgemeiner Natur sein. Unter der Voraussetzung, daß sie eine in einem Vertragsstaat ansässige Person betrifft, sind auch Drittstaaten (z. B. Steueroasen wie die Schweiz oder Liechtenstein) berührende Auskünfte (sogenannte Dreiecksauskünfte) zulässig.

182 „Erforderlich“ ist die Information, wenn alle innerstaatlichen Informationsquellen ausgeschöpft sind (MA-Komm. 77 zu Art. 26 Ziffer 9 a) und für den anfragenden Staat erheblich sind.

183 Die Auskunft kann auf Ersuchen oder ohne Ersuchen erteilt werden. Bezieht sich der Auskunftsverkehr im letzteren Fall auf eine Vielzahl gleichgelagerter Fälle, spricht man vom automatischen Auslandsverkehr; bezieht er sich nur auf einen Fall (z. B. Kontrollmitteilung anläßlich einer Außen-

prüfung), spricht man statt dessen von Spontanauskunft. Zur Zulässigkeit von Auskünften ohne Ersuchen, vgl. nicht rechtskräftiges Urteil des FG Düsseldorf, EFG 1982, 604.

Das Ersuchen verpflichtet den ersuchenden Staat grundsätzlich (Rückschluß aus Abs. 2) zu Ermittlungen, und zwar Informationen zu beschaffen, als handele es sich um eigene Steuern (MA-Komm. 77 zu Art. 26 Ziffer 16). Mit Spanien ist die sogenannte große Auskunftsklausel vereinbart, wonach Auskünfte „zur Durchführung des Abkommens **und** des innerstaatlichen Rechtes“ erbeten und gefordert werden können. Die Auskünfte müssen aber die „unter das Abkommen fallenden Steuern“, also die in Art. 2 DBA genannten Steuern betreffen, d. h. z. B. nicht die Umsatzsteuer (hier ist nur die Kulanzauskunft gemäß § 117 Abs. 3 AO möglich). 184

Das Steuergeheimnis (§ 30 ff. AO) ist insoweit eingeschränkt, als die ausgetauschten Informationen solchen Personen zugänglich gemacht werden dürfen, die „mit der Veranlagung oder Erhebung“ „befaßt“ sind. Mit der Veranlagung oder Erhebung sind nicht nur die dafür zuständigen Veranlagungsbezirke und Kassen, sondern auch Straf- und Finanzgerichte, Vollstreckungs- und Strafverfolgungsbehörden (Finanzamt und Staatsanwaltschaft) befaßt. Der Veranlagungs- oder Erhebungszweck schließt die Weitergabe an Behörden mit anderen Zuständigkeiten, z. B. in Spanien die Devisen- und Investitionskontrollbehörden aus. Eine Offenlegung in einem Gerichtsverfahren ist ohne besondere Vereinbarung der Vertragstaaten ausgeschlossen (MA-Komm. 77 zu Art. 26 Ziffer 12, 13); eine solche Vereinbarung besteht nicht. 185

Im Hinblick auf den Eintritt Spaniens in die EG ist auch noch die im Steueränderungsgesetz 86 zu transformierende EG — Amtshilferichtlinie vom 19. 12. 1977 — 77/799 EWG (ABl. EG 1977 Nr. L 336/15) i. V. m. der Ratsrichtlinie vom 6. 12. 1979 (Abl. EG 1977 Nr. L 331/8) zu berücksichtigen, mit der die Zusammenarbeit zwischen den EG-Mitgliedstaaten verstärkt und auf die Umsatzsteuer ausgedehnt wurde; es ist allerdings fraglich, ob Spanien die unmittelbare Rechtswirkung dieser EG-Richtlinien anerkennen oder — wie die deutsche Seite — auf einer Transformation in innerstaatliches Recht bestehen wird. 186

Nachdenklich stimmt in diesem Zusammenhang die Äußerung eines Vertreters der spanischen Finanzverwaltung zum internationalen Auskunftsverkehr auf Grund eines DBA (nämlich von de la Villa, in: Estudios de doble imposicion international, S. 324): danach soll die erteilte Information 187 nicht nur den mit den Steuern befaßten Personen, sondern dem Vertragstaat zu seiner unbeschränkten Verwertung zur Verfügung stehen. Ausdrücklich wird die strafrechtliche Verfolgung wegen Verstoßes gegen Devisenbestimmungen und Investitionsbeschränkungen von Ausländern in Spanien genannt. Der auskunftserteilende Staat könne dies nur verhindern, indem er auf die beschränkte Verwertbarkeit der Auskunft zu steuerlichen Zwecken ausdrücklich hinweise. Doch selbst dann empfindet de la Villa diese Beschränkung als rechtlich anrüchig (Beschränkung „con titulos de legitimidad dudosa"). Diesen Ausführungen ist um so größeres Gewicht beizulegen, als durch Gesetz 10 vom 26. 4. 1985 (B.O.E. vom 27. 4. 1985) der Art. 111 der spanischen AO dahingehend abgeändert ist, daß anläßlich eines Besteuerungsverfahrens aufgedeckte öffentliche Delikte (insbesondere Devisenvergehen) zur weiteren Rechtsverfolgung an die Staatsanwaltschaft abzugeben sind und insoweit das Steuergeheimnis nicht gilt.

Zu Abs. 2

188 a) Zu den einen Vertragstaat nicht verpflichtenden Verwaltungsmaßnahmen, die von der Verwaltungspraxis abweichen, gehören nach dem Recht beider Vertragstaaten Ausforschungsmaßnahmen, die gegen das Bankgeheimnis (für die deutsche Seite: BMF vom 31. 8. 1979, BStBl. 1979 I, 590) verstoßen, und das Prinzip der Wirtschaftlichkeit (§ 6 Haushaltsgrundsätzegesetz).

189 b) Zu den nicht zu beschaffenden Informationen gehören z. B. solche, denen ein Auskunftsverweigerungsrecht entgegensteht (§ 101 ff. AO).

190 c) Handels-, Geschäfts-, Gewerbe-, Berufs- oder Geschäftsverfahrensgeheimnisse sind „Tatsachen und Umstände, die von erheblicher wirtschaftlicher Bedeutung und praktisch nutzbar sind" (BFH BStBl. 1979 II, 268/272). Ob es zwischen einer Betriebstätte und dem Haupthaus bzw. zwischen verbundenen Unternehmen einen Geheimnisschutz gibt, hängt vom Einzelfall ab (Tipke/Kruse, AO, § 117 Tz. 116; Vogel, DBA-EN, Art. 26 Rdn. 108). Zur öffentlichen Ordnung gehören „die fundamentalen Ordnungsvorstellungen und Grundwertungen" (Tipke/Kruse, AO, § 117 Rdn. 118), z. B. das Grundgesetz, die Sicherheit des Staates usw.

191 Gegen Ermittlungen auf Grund eines Ersuchens ist die Beschwerde (§ 349 AO) und gegen die Entscheidung der Auskunftserteilung der Ein-

spruch (§ 347 AO) zulässig. Vor Auskunftserteilung ist die Behörde gemäß §§ 117, Abs. 4, 91 AO grundsätzlich verpflichtet, den Beteiligten zu hören.

Wegen fehlender personeller Ausstattung des spanischen Finanzministeriums steht der vereinbarte Informationsaustausch jedoch zur Zeit nur auf dem Papier. 192

27. Sonderbehandlung des diplom. Personals — Art. 27

Dieses Abkommen berührt nicht die steuerlichen Vorrechte, die den diplomatischen und konsularischen Beamten nach den allgemeinen Regeln des Völkerrechts oder auf Grund besonderer Vereinbarungen zustehen.

Erläuterungen

Die „Vorrechte" sind im „Wiener Übereinkommen über diplomatische Beziehungen" vom 18. 4. 1961 (BGBl. 1964 II, 958) und dem „Wiener Übereinkommen über konsularische Beziehungen" vom 24. 4. 1963 (BGBl. 1969 II, 1585) enthalten. Danach gilt: 193

a) Diplomaten und die zu ihrem Haushalt gehörenden Familienangehörigen, die nicht die Staatsangehörigkeit des Empfangsstaates besitzen, sind von den Steuern des Empfangsstaates grundsätzlich befreit. Beschränkt steuerpflichtig sind sie mit ihren privaten Einkünften, deren Quelle sich im Empfangsstaat befindet und ihren Vergütungen für bestimmte Dienstleistungen; beschränkt vermögensteuerpflichtig sind sie mit Kapitalanlagen in gewerblichen, im Empfangsstaat belegenen Unternehmen. 194

b) Konsularbeamte und in ihrem Haushalt lebende Familienangehörige, Verwaltungs- und technisches Personal: wie unter a), außerdem dürfen sie im Empfangsstaat nicht ständig ansässig sein. Die Ansässigkeit bestimmt sich nach den in Art. 4 Abs. 1 S. 2 MA genannten Regeln und dem Grundsatz der Exterritorialität (BFH BStBl. 1978 II, 628), wonach im Regelfall eine Ansässigkeit im Entsendestaat anzunehmen ist. Wahlkonsuln sind mit ihren vom Entsendestaat gezahlten Bezügen im Empfangsstaat absolut steuerfrei. 195

c) Dienstpersonal der Botschaften oder des Konsulates sowie die privaten Hausangestellten von deren Mitgliedern sind mit ihren Bezügen im Empfangsstaat ebenfalls steuerfrei, wenn sie weder Angehörige des 196

Empfangsstaates noch dort ständig ansässig sind; als im Empfangsstaat „ständig ansässig" gelten alle am Ort der Vertretung eingestellten Arbeitskräfte (FinMin Niedersachsen vom 2. 2. 1973), also alle sogenannten Ortskräfte.

197 Der Arbeitslohn von Ortskräften deutscher oder spanischer Nationalität bei deutschen Dienststellen in Spanien wird nach § 49 Abs. 1 Nr. 4 i. V. m. § 39 d EStG (d. h. u. a. Ledigentarif) besteuert, da beide Staaten auf die Besteuerung nicht verzichtet haben. Im Vorgriff auf den § 1 Abs. 3 EStG i. d. F. des SteuerbereinigungsG 1985 (BT-Drucksache 10/1636) wird unter den dort genannten Voraussetzungen eine Ortskraft, die ihre Bezüge auf Grund eines dem deutschen Arbeitsrecht folgenden Vertrages erhält, von dem VZ 1981 an wie ein unbeschränkt Steuerpflichtiger behandelt; das gilt auch dann, wenn der Ehegatte die spanische Nationalität besitzt und keine Einkünfte oder nur solche aus der BRD bezieht (siehe: Schreiben des BMF vom 9. 5. 1985 an das Auswärtige Amt, Az.: IV B 4 — S 2102 — 12/85). Der Ausgleich der Doppelbesteuerung erfolgt über Art. 18 (siehe dort Rdn. 136).

28. Berlinklausel — Art. 28

Dieses Abkommen gilt auch für das Land Berlin, sofern nicht die Regierung der Bundesrepublik Deutschland gegenüber der Regierung des Spanischen Staates innerhalb von drei Monaten nach Inkrafttreten des Abkommens eine gegenteilige Erklärung abgibt.

29. Ratifikation, Inkrafttreten — Art. 29

(1) Dieses Abkommen bedarf der Ratifikation; die Ratifikationsurkunden sollen sobald wie möglich in Madrid ausgetauscht werden.

(2) Dieses Abkommen tritt einen Monat nach Austausch der Ratifikationsurkunden in Kraft und findet dann auf die Steuern Anwendung, die für das Kalenderjahr, in dem dieses Abkommen in Kraft tritt, und für die folgenden Kalenderjahre erhoben werden.

(3) Ungeachtet des Absatzes 2 finden Artikel 8 und Artikel 22 Absatz 3 auf die Steuern Anwendung, die für das Kalenderjahr 1963 und für die folgenden Jahre erhoben werden.

30. Kündigung — Art. 30

Dieses Abkommen bleibt auf unbestimmte Zeit in Kraft, jedoch kann jeder der Vertragstaaten bis einschließlich 30. Juni eines jeden Kalenderjahres nach Ablauf von drei Jahren, vom Tage des Inkrafttretens an gerechnet, das Abkommen auf diplomatischem Wege schriftlich kündigen; in diesem Fall findet das Abkommen nicht mehr Anwendung auf die Steuern, die für die auf das Kündigungsjahr folgenden Kalenderjahre erhoben werden.

Anhang

Anlage 1:
Verordnung vom 10. November 1975 zur Durchführung der Artikel 10, 11 und 12 des Abkommens

(„Boletim Oficial del Estado" vom 4. November 1975 — amtliche deutsche Übersetzung

Das Abkommen zwischen Spanien und der Bundesrepublik Deutschland zur Vermeidung der Doppelbesteuerung bei den Steuern vom Einkommen und vom Vermögen wurde am 5. Dezember 1966 unterzeichnet (Boletim Oficial del Estado vom 8. April 1968).

Im Hinblick auf die Anwendung einiger Bestimmungen des Abkommens wie z. B. über Dividenden, Zinsen und Lizenzgebühren ist es angezeigt. Vorschriften über das Verfahren festzulegen, um den in diesen Bestimmungen gesetzten Grenzen größtmögliche Wirksamkeit zu verleihen.

Hinsichtlich des Verfahrens des begrenzten Quellenabzugs geht diese Verordnung im allgemeinen von den Kriterien aus, die für das Verfahren im Rahmen anderer Abkommen maßgeblich sind; gleichzeitig ist jedoch die Erstattung der in Spanien zuviel abgeführten Steuer möglich, wenn der Abzug entsprechend den Vorschriften und Sätzen des allgemeinen spanischen Rechts ohne Berücksichtigung des Abkommens erfolgt ist.

Aufgrund dessen hat das Finanzministerium in Übereinstimmung mit der nach dem Abkommen zuständigen Behörde der Bundesrepublik Deutschland folgendes angeordnet.

Erstens: Einkünfte nach Artikel 10 und 11 des Abkommens

A. In Spanien ansässige Personen

Personen oder Körperschaften, die im Sinne von Artikel 4 des Abkommens in Spanien ansässig sind und aus der Bundesrepublik stammende Dividenden oder Zinsen bezogen haben, können bei den deutschen Steuerbehörden die Erstattung des Teils der deutschen Steuer beantragen, der von den genannten Einkünften an der Quelle zu viel einbehalten worden ist. Dieser Teil errechnet sich aus der Differenz zwischen der nach dem inländischen Recht erhobenen Steuer und der Steuer, die sich unter Berücksichtigung der in Artikel 10 und 11 des Abkommens festgelegten Grenzen ergibt.

Der Antrag auf Erstattung ist unter Verwendung des Formblatts DBA-Spanien/Kapitalerträge (Anlage Nr. 1)*) zu stellen. Das Formblatt ist bei den spanischen Finanzämtern (Delegaciones de Hacienda) erhältlich.

---

*) Die mit der Verordnung veröffentlichten Anlagen sind nicht beigefügt.

Die Person oder die Körperschaft, die die Dividenden oder Zinsen bezieht, füllt das Formblatt aus und legt es dem Finanzamt am steuerlichen Wohnsitz vor. Die Abteilung für internationale Abkommen (Sección de Convenios Internacionales) bzw. die entsprechende Stelle des Finanzamtes erteilt nach Prüfung der ihr vorliegenden Unterlagen und ggf. des Personalausweises, des Reisepasses oder einer Wohnsitzbescheinigung, deren Vorlage gefordert werden kann, die in dem Formblatt vorgesehene Bestätigung.

Mit dieser Bestätigung leitet der Antragsteller dem Bundesamt für Finanzen, Bonn-Bad-Godesberg, die für diese Behörde bestimmte Ausfertigung innerhalb eines Jahres nach Ablauf des Kalenderjahres zu, in dem die besteuerten Einkünfte bezogen worden sind.

Es können mehrere Erstattungsansprüche auf einem Formblatt geltend gemacht werden. Auf der Rückseite der für den Antragsteller bestimmten Ausfertigung des Formblatts sind Erläuterungen enthalten, die für Nachweise und Vollmachten zu beachten sind.

B. In der Bundesrepublik Deutschland ansässige Personen

a) Ermäßigter Quellenabzug

Auf Dividenden oder Zinsen, die aus Spanien stammen und von Personen oder Körperschaften bezogen werden, die im Sinne von Artikel 4 des Abkommens in der Bundesrepublik Deutschland ansässig sind, wird in Spanien die Steuer auf Kapitalerträge durch Quellenabzug im Rahmen der in den Artikeln 10 und 11 des Abkommens festgelegten Grenzen erhoben. Damit diese Grenzen berücksichtigt werden, muß der in Spanien ansässige Schuldner der Einkünfte bei den spanischen Finanzbehörden einen Antrag stellen.

Der Antrag ist auf dem Formblatt EE. RFA-Reducción zu stellen, der als Anlage Nr. 2*) beigefügt ist. Das Formblatt ist zentral beim Bundesamt für Finanzen, Bonn-Bad Godesberg, erhältlich. Der Bezieher der Dividenden oder Zinsen leitet die beiden spanischsprachigen Ausfertigungen des ausgefüllten und mit der vorgesehenen Bestätigung des Finanzamts an seinem steuerlichen Wohnsitz versehenen Formblatts der in Spanien ansässigen Person oder Körperschaft zu, die die angegebenen Vergütungen schuldet. Diese Person oder Körperschaft behält bei der Vergütung der Dividenden oder Zinsen die spanische Steuer auf Kapitalerträge unter Berücksichtigung der in dem Abkommen festgesetzten Grenzen (Artikel 10 und 11) ein. Die beiden anderen Ausfertigungen in deutscher Sprache sind für die deutsche Steuerverwaltung und für den Bezieher der Einkünfte bestimmt.

Die in Spanien ansässige Person oder Körperschaft, die die in Frage stehenden Dividenden oder Zinsen zahlt, fügt der bei dem Finanzamt an ihrem steuerlichen Wohnsitz abzugebenden Steuererklärung und -abrechnung für die Steuer auf Kapitalerträge eine Ausfertigung des Formblatts als Nachweis dafür bei, daß diese Steuer innerhalb der in dem Abkommen festgesetzten Grenzen abgeführt worden ist.

b) Erstattung zu viel einbehaltener Quellensteuer

Ist das in den ersten Absätzen beschriebene Verfahren nicht angewandt worden, so erfolgt der Quellenabzug der Steuer auf Kapitalerträge nach Maßgabe der Steuervorschriften und -sätze des allgemeinen spanischen Rechts ohne Berücksichtigung des Abkommens. In diesem Falle kann die in der Bundesrepublik Deutschland ansässige Person oder Körperschaft, die diese Einkünfte bezieht, bei den spanischen Steuerbehörden die Erstattung des Teils der spanischen Steuer beantragen, der an der Quelle zu viel einbehalten worden ist. Dieser Teil errechnet sich aus der Differenz zwischen der nach allgemeinem Recht einbehaltenen spanischen Steuer und der Steuer, die sich unter Berücksichtigung der in Art. 10 und 11 des Abkommens festgelegten Grenzen ergibt.

Der Antrag ist auf dem Formblatt EE-RFA-Devolución zu stellen, das als Anlage Nr. 3 beigefügt ist.*) Das Formblatt ist beim Bundesamt für Finanzen, Bonn-Bad Godesberg erhältlich.

Der Bezieher der Dividenden oder Zinsen leitet die spanischsprachige Ausfertigung des ausgefüllten und mit der entsprechenden Bestätigung des Finanzamtes an seinem steuerlichen Wohnsitz versehenen Formblatts dem Finanzamt am steuerlichen Wohnsitz der Person oder Körperschaft zu, die die Vergütungen gezahlt hat. Die beiden anderen Ausfertigungen in deutscher Sprache sind für die deutsche Steuerverwaltung und für den Bezieher der Einkünfte bestimmt.

Dem Erstattungsantrag ist eine Bescheinigung der zum Steuerabzug verpflichteten Person oder Körperschaft beizufügen, in der Datum und Nummer des Zahlungsbelegs für die Erträge anzugeben sind, von denen dem Empfänger die Steuern abgezogen worden sind. Liegen die Angaben über die Erträge unmittelbar der Verwaltung vor, so ist dies auf dem Antrag zu vermerken. Ist die Bescheinigung dem Antrag nicht beigefügt und liegen auch bei dem zuständigen Finanzamt die darin zu machenden Angaben nicht vor, so fordert die zuständige Stelle den Antragsteller auf, sie binnen dreißig Tagen nachzureichen.

Wird der Empfänger der Dividenden oder Zinsen durch eine dritte Person vertreten, so ist dem Antrag die entsprechende Vollmacht beizufügen.

Der Erstattungsantrag ist innerhalb eines Jahres nach dem Zeitpunkt des Zufließens der Erträge beim zuständigen Finanzamt zu stellen. Als Zeitpunkt des Zufließens der Erträge gilt der letzte Tag der Frist, in der die Person oder Körperschaft, die die Steuer einbehalten hat, vorschriftsmäßig die Zahlung leisten muß.

Für die Bearbeitung ist die Abteilung für internationale Abkommen bzw. die entsprechende Stelle gemäß Art. 6 des Erlasses 363/1971 vom 25. Februar 1971 zuständig. Den Bescheid über die Erstattung erteilt der Leiter des Finanzamts.

Es können mehrere Erstattungsansprüche auf einem Formblatt geltend gemacht werden, sofern sie in die oben genannte Frist fallen und sich auf von demselben Finanzamt erfaßte Erträge beziehen.

Zweitens: Einkünfte nach Artikel 12 des Abkommens

A. In Spanien ansässige Personen

a) Ermäßigter Quellenabzug

Mit Genehmigung des Bundesamts für Finanzen, Bonn-Bad Godesberg, kann die in Artikel 12 des Abkommens festgelegte Grenze der durch Quellenabzug erhobenen Steuer auf als Lizenzgebühren geltende Vergütungen durch Ermäßigung beim Abzug dieser Steuer durch den in Deutschland ansässigen Schuldner der Vergütungen unmittelbar Anwendung finden.

Diese Genehmigung wird erteilt durch Ausstellung einer entsprechenden Steuerermäßigungsbescheinigung durch die Steuerbehörde, diese Bescheinigung gilt drei Jahre und muß nach Ablauf dieser Frist von ihrer Ausstellung an gerechnet neu beantragt werden.

Der Antrag auf Ausstellung der Bescheinigung über Steuerermäßigung ist unter Verwendung des Formblatts DBA-Spanien/Lizenzen*) zu stellen.

Hinsichtlich der Beschaffung dieses Formblatts und der Wohnsitzbestätigung gelten die Vorschriften in Abschnitt 1 A für das Formblatt zur Erstattung bei Dividenden und Zinsen sowie die Erläuterungen auf der Rückseite der für den Antragsteller bestimmten Ausfertigung des Formblatts DBA-Spanien/Lizenzen.

b) Erstattung zuviel einbehaltener Steuer

Hat jedoch der Schuldner der Lizenzgebühren die Steuer nach inländischem Recht ohne Anwendung der Grenze nach Artikel 12 abgezogen, so kann die in Spanien ansässige Person oder Körperschaft, die diese Vergütungen bezieht, beim Bundesamt für Finanzen, Bonn-Bad Godesberg die Erstattung des Teils der Steuer beantragen, der an der Quelle zuviel einbehalten worden ist. Dieser Antrag ist innerhalb der gleichen Frist und nach dem gleichen Verfahren, wie in Abschnitt 1 A vorgesehen, unter Verwendung des als Anlage Nr. 4 beigefügten Formblattes*) zu stellen; daher ist das oben auf dem Formblatt aufgedruckte Wort „REDUCCION" durch das Wort „DEVOLUCION" zu ersetzen.

B. In der Bundesrepublik ansässige Personen

Dieser Absatz ist mit Wirkung vom 17. Januar 1978 ersetzt durch die Verordnung vom 30. Dezember 1977.

Drittens: Bescheinigungen

Die Abteilungen für internationale Abkommen der Finanzämter (Secciones de Convenios Internacionales de las Delegaciones de Hacienda) bzw. die entsprechenden Dienststellen, erteilen für ihre jeweiligen örtlichen Zuständigkeitsbereiche auf schriftlichen Antrag der im Sinne von Artikel 4 des Abkommens in Spanien ansässigen Personen oder Körperschaften aufgrund entsprechender Nachweise die für die Anwendung des Abkommens erforderlichen Wohnsitzbescheinigungen.

Unbeschadet der den genannten Dienststellen vorliegenden Daten und Unterlagen kann vom Antragsteller als Nachweis für seinen Wohnsitz verlangt werden, daß er die im dritten Absatz des Abschnitts 1 A sowie in den Vorschriften über die Zuständigkeiten der Secciones Provinciales de Convenios Internacionales genannten Dokumente beibringt.

Außerdem erteilen diese Stellen auf Antrag der betreffenden Personen und Körperschaften sonstige Bescheinigungen, damit alle Bestimmungen des Abkommens in Spanien oder in der Bundesrepublik Deutschland Anwendung finden.

Diese Verordnung teile ich Ihnen zur Kenntnisnahme und weiteren Veranlassung mit.

Anlage 2: Entlastungsverfahren für Dividenden, Zinsen und Lizenzgebühren

BdF v. 2. 8. 1976 — IV C 6 — S 1301 Spanien — 10/76; BStBl. 1976 I S. 424)

Vorbemerkung

Das Doppelbesteuerungsabkommen vom 5. Dezember 1966 ist am 14. März 1968 in Kraft getreten. Es ist auf die deutschen Abzugssteuern bei Dividenden, Zinsen und Lizenzgebühren, die nach dem 31. Dezember 1967 gezahlt werden, anzuwenden.

I. Erstattung der von Dividenden und Zinsen erhobenen deutschen Abzugsteuern

1. Grundsatz

Ausschüttungen deutscher Gesellschaften (Dividenden) unterliegen stets den deutschen Abzugsteuern (Kapitalertragsteuer, Ergänzungsabgabe*), Stabilitätszuschlag). Zinsen, die ein deutscher Schuldner an einen ausländischen Empfänger zahlt, unterliegen den Abzugsteuern nur, wenn sie aus festverzinslichen Anleihen, Wandelanleihen, Gewinnobligationen und Schuldverschreibungen, die in ein deutsches öffentliches Schuldbuch eingetragen sind, stammen.

Die Kapitalertragsteuer beträgt im Regelfall 25 v. H. des Bruttobetrags der Dividenden bzw. der Zinsen. Die Ergänzungsabgabe wird zu einem festen Vomhundertsatz (3 v. H.) nach der einzubehaltenden Kapitalertragsteuer bemessen. Der Stabilitätszuschlag wird nur auf Einkünfte erhoben, die nach dem 30. Juni 1973 und vor dem 1. Juli 1974 zufließen. Der Stabilitätszuschlag beträgt 10 v. H. der einzubehaltenden Kapitalertragsteuer.

Die Abzugsteuern werden auch bei Dividenden- und Zinsempfängern, die im Sinne des deutsch-spanischen Doppelbesteuerungsabkommens in Spanien ansässig sind, in voller Höhe einbehalten. Sie werden jedoch entsprechend den Artikeln 10 und 11 des Abkommens unter bestimmten Voraussetzungen teilweise erstattet.

Dividenden im Sinne des Abkommens sind auf deutscher Seite insbesondere Einkünfte aus Aktien, Genußrechten oder Genußscheinen, Kuxen, Gründeranteilen oder anderen Rechten — ausgenommen Forderungen mit Gewinnbeteiligungen —

*) entfallen ab 1. 1. 1975

sowie aus sonstigen Gesellschaftsanteilen stammende Einkünfte und Einkünfte eines stillen Gesellschafters aus seiner Beteiligung als stiller Gesellschafter, sofern er nicht am Vermögen des Unternehmens beteiligt ist.

Der Begriff Zinsen ist in Artikel 11 Absatz 2 des Abkommens festgelegt. Zu den abzugsteuerpflichtigen Zinsen gehören auch die sogenannten Stückzinsen, d. h. Vergütungen, die der Käufer eines verzinslichen Wertpapiers dem Verkäufer zahlt, weil in dessen Besitzzeit bereits ein Teil des Zinslaufs fällt.

2. Erstattungsanspruch

a) Voraussetzungen

Nach dem Abkommen ist erstattungsberechtigt, wer die Dividenden oder die Zinsen bezogen hat und im Zeitpunkt ihres Zufließens (bei Zinsen: im Zeitpunkt der Fälligkeit) in Spanien ansässig war. Dividenden und Zinsen werden von demjenigen bezogen, dem das Kapitalvermögen (die Gesellschaftsanteile, Anleihen u. dergl.), aus dem sie hervorgegangen sind, im maßgebenden Zeitpunkt gehört hat. Das ist der Inhaber des Kapitalvermögens (Inhaber des Stammrechts). Erstattungsberechtigt ist somit nur, wer im maßgebenden Zeitpunkt Inhaber des Stammrechts gewesen ist. Daß ihm in diesem Zeitpunkt auch ein Anspruch auf die Dividenden bzw. Zinsen zugestanden hat, ist nicht erforderlich. Erstattungsberechtigt ist deshalb z. B. nicht, wer Dividenden- oder Zinsscheine getrennt vom Stammrecht (Wertpapier) erworben hat. Bei Stückzinsen wird der Veräußerer als Inhaber des Stammrechts angesehen. Der Zeitpunkt der Fälligkeit der Stückzinsen deckt sich mit dem Zeitpunkt der Veräußerung des ihnen zugrundeliegenden Wertpapiers.

Die Voraussetzung, daß der Empfänger der Dividenden bzw. Zinsen im Sinn des Abkommens in Spanien ansässig ist, ist erfüllt, wenn er im Sinn des spanischen Steuerrechts in Spanien ansässig und nicht gleichzeitig nach dem deutschen Steuerrecht in der Bundesrepublik Deutschland (einschließlich des Landes Berlin) ansässig und somit unbeschränkt steuerpflichtig ist (also in der Bundesrepublik einschließlich des Landes Berlin weder Wohnsitz, gewöhnlichen Aufenthalt, Geschäftsleitung noch Sitz hat). Für Empfänger, die nach den Gesetzen der Vertragstaaten in beiden Staaten ansässig sind, gelten für die Frage, in welchem der beiden Staaten sie im Sinne des Abkommens ansässig sind, besondere, im Abkommen enthaltene Regeln (Artikel 4).

Die Erstattung ist ausgeschlossen, wenn die Dividenden bzw. Zinsen einer in der Bundesrepublik Deutschland (einschließlich des Landes Berlin) unterhaltenen Betriebstätte des gewerblichen Unternehmens des in Spanien ansässigen Empfängers zuzurechnen sind. Der Begriff „Betriebstätte“ ist in Art. 5 des Abkommens geregelt. Die Kapitalerträge sind dann einer derartigen Betriebstätte zuzurechnen, wenn das Kapitalvermögen im maßgebenden Zeitpunkt zum Betriebsvermögen der Betriebstätte gehört.

b) Höhe des Erstattungsanspruchs

Sind die Voraussetzungen für die Erstattung erfüllt, so werden bei Dividenden 10 v. H. und bei Zinsen 15 v. H. ihres Bruttobetrags sowie in beiden Fällen die volle

Ergänzungsabgabe und der Stabilitätszuschlag erstattet. Eine Erstattung der von Dividenden einbehaltenen Kapitalertragsteuer entfällt jedoch, wenn die Dividenden an eine in Spanien ansässige Gesellschaft gezahlt werden, der mindestens 25 v. H. des Kapitals der ausschüttenden deutschen Gesellschaft unmittelbar oder mittelbar gehören. Jedoch werden auch in diesen Fällen die Ergänzungsabgabe und der Stabilitätszuschlag erstattet.

3. Erstattungsverfahren

a) Antrag

Die Steuer wird nur auf Antrag erstattet. Der Antrag ist schriftlich zu stellen. Für den Antrag ist der Vordruck „DBA-Spanien/Kapitalerträge" zu verwenden*). Dieser Vordruck ist in Spanien bei dem jeweiligen Wohnsitzfinanzamt und in der Bundesrepublik Deutschland beim Bundesamt für Finanzen, 53 Bonn-Bad Godesberg, Postfach, zu beziehen.

Die Einzelheiten, die bei der Antragstellung zu beachten sind, sowie die Art der beizufügenden Belege gehen aus den Erläuterungen des Antragsvordrucks hervor.

b) Antragsfrist

Die Steuern können grundsätzlich nur erstattet werden, wenn der Antrag fristgerecht gestellt wird. Bei Anträgen, die sich auf die Erstattung der von Dividenden und Zinsen einbehaltenen Abzugsteuern beziehen, ist dies dann der Fall, wenn der Antrag innerhalb einer Frist von einem Jahr, beginnend mit dem Ende des Jahres, in dem die Erträge zugeflossen sind, eingereicht worden ist.

Im Interesse aller Beteiligten ist es ratsam, mehrere Erstattungsansprüche in einem Antrag geltend zu machen.

4. Entscheidung des Bundesamts für Finanzen und Rechtsbehelfe

Das für die Bearbeitung der Anträge zuständige Bundesamt für Finanzen prüft den Antrag und überweist den zu erstattenden Betrag an die im Antrag angegebene Stelle. Nur wenn dem Antrag ganz oder teilweise nicht entsprochen wird, erteilt das Bundesamt für Finanzen einen Bescheid, gegen den der Antragsteller binnen eines Monats Einspruch einlegen kann. Gegen die Einspruchsentscheidung kann Klage vor dem zuständigen Finanzgericht erhoben werden.

II. Steuerbefreiung für Lizenzgebühren

1. Grundsätze

Lizenzgebühren und ähnliche Vergütungen, die aus deutschen Quellen einem Steuerpflichtigen zufließen, der in der Bundesrepublik Deutschland (einschließlich des Landes Berlin) weder Wohnsitz, gewöhnlichen Aufenthalt, Geschäftsleitung noch Sitz hat (beschränkt Steuerpflichtiger), unterliegen einer besonderen deutschen Abzugsteuer, die im allgemeinen 25 v. H. des Bruttobetrags der Vergütungen beträgt. Daneben werden auch von diesen Erträgen die Ergänzungsabgabe und der Stabilitätszuschlag erhoben; hinsichtlich der Höhe der Ergänzungsabgabe und des Stabilitätszuschlags wird auf Abschnitt I, 1 verwiesen.

Nach Artikel 12 des Abkommens vom 5. Dezember 1966 wird die deutsche Quellensteuer auf Lizenzgebühren und ähnliche Vergütungen, die aus der Bundesrepublik Deutschland (einschließlich des Landes Berlin) einem in Spanien ansässigen Empfänger zufließen, auf 5 v. H. des Bruttobetrages der Vergütungen gesenkt. Für die Frage, ob der Empfänger der Vergütungen im Sinn des Abkommens in Spanien ansässig ist, gelten die Ausführungen in Abschnitt 1, 2a.

Die Befreiung ist ausgeschlossen, wenn die Lizenzgebühren und ähnliche Vergütungen einer in der Bundesrepublik Deutschland (einschließlich des Landes Berlin) unterhaltenen Betriebstätte im Sinn des Abkommens eines gewerblichen Unternehmens des in Spanien Ansässigen zuzurechnen sind.

Lizenzgebühren und ähnliche Vergütungen im Sinn des Artikels 12 des Abkommens sind Vergütungen, die als Gegenleistung für die Benutzung oder das Recht auf Benutzung von Urheberrechten an literarischen, künstlerischen oder wissenschaftlichen Werken einschließlich kinematographischer Filme, von Patenten, Warenzeichen, Mustern oder Modellen, Plänen, geheimen Formeln oder Verfahren oder für die Benutzung oder das Recht auf Benutzung gewerblicher, kaufmännischer oder wissenschaftlicher Ausrüstungen oder für die Mitteilung gewerblicher, kaufmännischer oder wissenschaftlicher Erfahrungen gezahlt werden.

2. Freistellungsverfahren

Der deutsche Schuldner der Vergütungen darf nur dann den ermäßigten Steuerabzug vornehmen, wenn das Bundesamt für Finanzen bestätigt, daß die Voraussetzungen hierfür gegeben sind. Eine solche Bestätigung — Freistellungsbescheinigung — wird nur erteilt, wenn der Gläubiger (Empfänger) beim Bundesamt für Finanzen einen entsprechenden Antrag stellt. Die Bescheinigung hat, sofern sie nicht zurückgezogen wird, drei Jahre Gültigkeit. Nach Ablauf von drei Jahren ist der Antrag auf Erteilung der Bescheinigung vom Gläubiger erneut zu stellen.

3. Antrag auf Erteilung der Freistellungsbescheinigung

Der Antrag auf Erteilung der Freistellungsbescheinigung ist schriftlich zu stellen. Für den Antrag ist der Vordruck „DBA Spanien/Lizenzen" zu verwenden*). Dieser Vordruck ist von denselben Stellen zu beziehen wie der Vordruck für den Antrag auf Erstattung der Kapitalertragsteuer (vgl. Abschnitt 1, 3 a). Die Einzelheiten, die bei der Antragstellung zu beachten sind, sowie die Art der beizufügenden Unterlagen gehen aus den Erläuterungen des Antragsvordrucks hervor.

4. Entscheidung des Bundesamts für Finanzen und Rechtsbehelfe

Das Bundesamt für Finanzen erteilt dem Antragsteller oder einem von diesem benannten Zustellungsvertreter in jedem Fall einen Bescheid. Wird der Antrag auf Erteilung der Bescheinigung abgelehnt und werden die Abzugsteuern einbehalten, so gilt hinsichtlich der Rechtsbehelfe das in Abschnitt I, 4 Ausgeführte.

5. Verfahren bei nachträglicher Geltendmachung der Steuerermäßigung, Antragsfrist

Wurden Lizenzgebühren und ähnliche Vergütungen, die dem in Spanien ansässigen Gläubiger zugeflossen sind, zu deutschen Abzugsteuern herangezogen, so hat der Gläubiger, wenn er die Steuerbefreiung geltend machen will, einen entsprechenden Antrag auf Erstattung der Abzugsteuern an das Bundesamt für Finanzen zu richten. In diesem Fall ist im Antrag anzugeben, auf welches Bank- oder Postscheckkonto der Erstattungsbetrag zu überweisen ist. Der Antrag ist bis zum Schluß des Kalenderjahres zu stellen, das auf das Jahr der Entrichtung der Abzugsteuer an das Finanzamt erfolgt.

Verordnung vom 30. Dezember 1977 über die Durchführung des Artikels 12 des Abkommens zwischen der Bundesrepublik Deutschland und Spanien zur Vermeidung der Doppelbesteuerung bei den Steuern vom Einkommen und vom Vermögen („Boletin Oficial del Estado" vom 17. Januar 1978)

Anrede

Die Ministerialverordnung vom 10. November 1975 über die Durchführung der Artikel 10, 11 und 12 des am 5. Dezember 1966 unterzeichneten Abkommens zwischen der Bundesrepublik Deutschland und Spanien zur Vermeidung der Doppelbesteuerung bei den Steuern vom Einkommen und vom Vermögen*) regelt das Verfahren, um den in diesen Artikeln gesetzten Quellensteuergrenzen größtmögliche Wirksamkeit zu verleihen, indem sie ein Verfahren des begrenzten Quellenabzugs vorsieht, gleichzeitig jedoch die Erstattung der in Spanien zuviel abgeführten Steuer zuläßt, wenn der Abzug entsprechend den Vorschriften und Sätzen des allgemeinen Rechts ohne Berücksichtigung des Abkommens erfolgt ist. Aus diesen Erwägungen wurden verschiedene Anlagen zu der Verordnung ausgearbeitet, die sich auf die Ermäßigungs- und Erstattungsanträge bei Dividenden und Zinsen (z. B. Formblatt „EE-RFA, Reducción" und „EE-RFA, Devolución") beziehen.

Angesichts der Notwendigkeit, die Vorschriften über die Anwendung der im Abkommen vorgesehenen Quellensteuergrenzen zu ergänzen, um auch Lizenzgebühren zu berücksichtigen, wurde die vorliegende Verordnung mit den entsprechenden Formblättern ausgearbeitet.

Aufgrund dessen hat das Finanzministerium in Übereinstimmung mit der nach dem Abkommen zuständigen Behörde der Bundesrepublik Deutschland folgendes angeordnet:

Erstens:

Bei Einkünften gemäß Artikel 12 des Abkommens sind von den in der Bundesrepublik Deutschland ansässigen Personen zur Beantragung der Ermäßigung der Quellensteuer bzw. der Erstattung der zuviel einbehaltenen Steuer die als Anlagen

---

*) BStBl. 1976 I S. 424.

I und II beigefügten Formblätter „EE-RFA, Reducción cánones" bzw. „EE-RFA, Devolución cánones"*) zu verwenden.

Zweitens:

Hierfür gilt folgendes Verfahren:

a) Auf Lizenzgebühren, die aus Spanien stammen und von Personen oder Körperschaften bezogen werden, die im Sinne von Artikel 4 des Abkommens in der Bundesrepublik Deutschland ansässig sind, wird in Spanien die Steuer auf Kapitalerträge durch Quellenabzug im Rahmen der in Artikel 12 des Abkommens festgelegten Grenze erhoben. Dieser begrenzte Quellenabzug wird von dem in Spanien ansässigen Schuldner vorgenommen; zu diesem Zweck verwendet der Empfänger das Formblatt EE-RFA, Reducción cánones (Anlage I).

b) Das Formblatt ist bei den deutschen Steuerbehörden**) erhältlich. Der Empfänger der Lizenzgebühren leitet zwei Ausfertigungen des ausgefüllten und mit der vorgesehenen Bestätigung des für seine Veranlagung zur Einkommensteuer zuständigen deutschen Finanzamts versehenen Formblatts der in Spanien ansässigen Person oder Körperschaft zu, die die angegebenen Einkünfte schuldet. Diese Person oder Körperschaft behält bei der Vergütung der Lizenzgebühren die spanische Steuer auf Kapitalerträge unter Berücksichtigung der in dem Abkommen festgesetzten Grenzen (Artikel 12) ein.

c) Der Schuldner der Lizenzgebühren fügt der von ihm abzugebenden Steuererklärung und -abrechnung eine Ausfertigung des Formblatts bei, auf der zusätzlich die diesbezüglichen Angaben zu vermerken sind, die die Dokumente enthalten, die für die Benutzung oder für das Recht auf Benutzung der in Artikel 12 des Abkommens aufgeführten Rechte und allgemeinen Werte ausgestellt wurden. Eine weitere Ausfertigung behält der Schuldner der Lizenzgebühren als Beleg. Eine dritte Ausfertigung verbleibt beim Empfänger der Lizenzgebühren und die vierte ist für die deutsche Steuerverwaltung bestimmt.

d) Hat der Schuldner der Lizenzgebühren die Steuer nach Maßgabe des innerstaatlichen spanischen Rechts ohne Berücksichtigung des Abkommens einbehalten, so kann die in der Bundesrepublik Deutschland ansässige Person oder Körperschaft, die diese Lizenzgebühren bezieht, bei den spanischen Steuerbehörden die Erstattung des Teils der spanischen Steuer beantragen, der an der Quelle zu viel einbehalten worden ist.

Der Antrag auf Erstattung ist auf dem Formblatt EE-RFA, Devolución cánones (Anlage II) zu stellen, das bei den deutschen Steuerbehörden erhältlich ist. Der Empfänger der Lizenzgebühren leitet eine Ausfertigung des ausgefüllten und mit der Wohnsitzbestätigung versehenen Formblatts dem Finanzamt am Wohnsitz des Schuldners der Einkünfte zu. Eine zweite Ausfertigung des Formblatts ist für die deutsche Steuerverwaltung und die dritte für den Antragsteller bestimmt.

Dem Antrag des Empfängers ist ebenfalls eine Bescheinigung der zum Steuerabzug verpflichteten Person oder Körperschaft beizufügen, in der Datum und Num-

---

*) Die mit der Verordnung veröffentlichten Anlagen sind nicht beigefügt.

**) Bundesamt für Finanzen, Koblenzer Straße 63—65, 5300 Bonn 2.

mer des Zahlungsbelegs für die Erträge anzugeben sind, von denen dem Empfänger die Steuern abgezogen worden sind. Liegen die Angaben der Verwaltung unmittelbar vor, so sind sie auf dem Antrag zu vermerken. Ist die Bescheinigung dem Antrag nicht beigefügt und liegen auch dem zuständigen Finanzamt die entsprechenden Angaben nicht vor, so fordert die zuständige Stelle den Antragsteller auf, sie binnen dreißig Tagen nachzureichen.

Wird der Antrag von einem Vertreter des Empfängers der Lizenzgebühren gestellt, so ist dem Antrag auch die entsprechende Vollmacht beizufügen.

Der Erstattungsantrag ist innerhalb eines Jahres nach Ablauf des Kalenderjahres, in dem die Steuer fällig geworden ist, beim zuständigen Finanzamt zu stellen; zu diesem Zweck gilt als Zeitpunkt des Zufließens der letzte Tag der vorgeschriebenen Frist für die Zahlung durch die Person oder Körperschaft, die die Steuer einbehalten hat.

Für die Bearbeitung ist die Abteilung für internationale Abkommen bzw. die beauftragte Stelle gemäß Artikel 6 des Erlasses 363/1971 vom 25. Februar 1971 — mit Ausnahme der Fristregelung — zuständig; den Bescheid über die Erstattung erteilt das jeweilige Finanzamt.

Es können mehrere Erstattungsansprüche auf einem Formblatt geltend gemacht werden, sofern sie in die obengenannte Frist fallen und sich auf von demselben Finanzamt vereinnahmte Beträge beziehen.

Drittens:

Die Abteilungen für internationale Abkommen der Finanzämter (Secciones de Convenios Internacionales de las Delegaciones de Hacienda) bzw. die für die Abrechnung der unter das Abkommen fallenden Steuern zuständigen Dienststellen erteilen für ihre jeweiligen örtlichen Zuständigkeitsbereiche auf schriftlichen Antrag der im Sinne von Artikel 4 des Abkommens in Spanien ansässigen Personen und Körperschaften nach entsprechender Überprüfung die für die Anwendung des Abkommens erforderliche Wohnsitzbestätigung.

Unbeschadet der den genannten Dienststellen vorliegenden Daten und Unterlagen kann vom Antragsteller als Nachweis für seinen Wohnsitz verlangt werden, daß er seinen Personalausweis, seinen Reisepaß oder ein sonstiges Dokument, das den Wohnsitz bescheinigt, beibringt.

Außerdem erteilen diese Stellen auf Antrag der betreffenden Personen und Körperschaften sonstige Bescheinigungen, sofern sie dazu dienen, daß alle Bestimmungen des Abkommens durch Spanien oder die Bundesrepublik Deutschland angewandt werden.

Viertens:

Die Vorschriften unter Zweitens (Einkünfte nach Artikel 12 des Abkommens) Absatz B, In der Bundesrepublik Deutschland ansässige Personen, der Verordnung vom 10. November 1975 über die Durchführung der Artikel 10, 11 und 12 des Abkommens zwischen der Bundesrepublik Deutschland und Spanien zur Vermeidung der Doppelbesteuerung bei den Steuern vom Einkommen und vom Vermögen werden aufgehoben.

Fünftens:

Diese Verordnung tritt am Tage ihrer Veröffentlichung im „Boletin Oficial del Estado“ in Kraft.

Diese Verordnung teile ich Ihnen zur Kenntnisnahme und weiteren Veranlassung mit.

Schlußformel
Fernandez Ordonez

Madrid, 30. Dezember 1977

Bundesamt für Finanzen
— Referat I 4 —

Friedhofstr. 1
5300 Bonn 3
Tel.: 0228/406-0

Merkblatt

Entlastung von der Abzugsteuer im Sinne von § 50a Abs. 4 Einkommensteuergesetz (EStG) auf Grund von Doppelbesteuerungsabkommen (DBA)

Stand: Januar 1984

1. *Vorbemerkung*

1.1 *Steuerpflicht nach dem EStG*

Natürliche Personen, die im Inland weder einen Wohnsitz noch ihren gewöhnlichen Aufenthalt haben, unterliegen ebenso wie Körperschaften, Personenvereinigungen und Vermögensmassen, die im Inland weder ihre Geschäftsleitung noch ihren Sitz haben, mit ihren inländischen Einkünften im Sinne des § 49 EStG der beschränkten Steuerpflicht (§ 1 Abs. 3 EStG bzw. § 2 Nr. 1 des Körperschaftsteuergesetzes).

Bei bestimmten, in § 50a Abs. 4 EStG aufgezählten Einkünften beschränkt Steuerpflichtiger wird die Einkommensteuer im Wege des Steuerabzugs erhoben. Es handelt sich um folgende Einkünfte:

a) Einkünfte aus der Ausübung oder Verwertung einer Tätigkeit als Künstler, Berufssportler, Schriftsteller, Journalist oder Bildberichterstatter einschließlich solcher Tätigkeiten für den Rundfunk oder Fernsehfunk (§ 49 Abs. 1 Nr. 2 bis 4 EStG);

b) Einkünfte, die aus Vergütungen für die Nutzung beweglicher Sachen oder für die Überlassung der Nutzung oder des Rechts auf Nutzung von Rechten, insbesondere von Urheberrechten und gewerblichen Schutzrechten, von gewerblichen, technischen, wissenschaftlichen und ähnlichen Erfahrungen, Kenntnissen und Fertigkeiten, z. B. Plänen, Mustern und Verfahren, herrühren (§ 49 Abs. 1 Nr. 2, 3, 6 und 9 EStG).

1.2 *Steuerabzug*

Der Steuerabzug beträgt 25 v. H. der *Einnahmen*. Soweit eine Tätigkeit im Sinne der Tz. 1.1 Buchstabe a) im Inland ausgeübt wird oder worden ist, beträgt der Steuerabzug 15 v. H. der Einnahmen (§ 50a Abs. 4 Satz 2 und 3 EStG).

Dem Steuerabzug unterliegt der volle Betrag der Einnahmen. Abzüge (z. B. für Betriebsausgaben, Werbungskosten, Sonderausgaben und Steuern) sind nicht zulässig (§ 73 b der Einkommensteuer-Durchführungsverordnung — EStDV).

Der Schuldner der Vergütungen im Sinne des § 50a Abs. 4 EStG hat den Steuerabzug für Rechnung des beschränkt steuerpflichtigen Gläubigers (Steuerschuldner) vorzunehmen und die Steuer an das für ihn zuständige Finanzamt abzuführen (§ 50a Abs. 5 EStG, § 73e EStDV).

2. *Einschränkungen des Besteuerungsrechts aufgrund von DBA*)*

2.1. *Allgemeines*

Ist in einem DBA mit einem Staat, in dem der beschränkt Steuerpflichtige ansässig ist, festgelegt, daß die abzugspflichtigen Vergütungen nicht oder nur nach einem vom EStG abweichenden niedrigeren Steuersatz besteuert werden können, so darf der Schuldner der Vergütungen den Steuerabzug nur unterlassen oder nach dem niedrigeren Steuersatz vornehmen, wenn das Bundesamt für Finanzen (BfF) eine entsprechende Bescheinigung erteilt hat (§ 73h EStDV).

Wegen Einzelheiten hierzu vgl. Tz. 3 dieses Merkblatts.

2.2 *Vergütungen im Sinne des § 50a Abs. 4 Buchstabe a EStG (Tz. 1.1 Buchstabe a)*

2.2.1 *Ausübung* der Tätigkeit im Inland

Die Tätigkeit wird im Inland ausgeübt, wenn der Steuerpflichtige in der Bundesrepublik Deutschland einschließlich Berlin (West) persönlich tätig wird.

• *Künstler*

Die DBA der Bundesrepublik Deutschland weisen das Besteuerungsrecht für Einkünfte, die berufsmäßige Künstler aus ihrer in dieser Eigenschaft im Inland persönlich ausgeübten Tätigkeit (z. B. öffentliche Unterhaltungsdarbietungen) beziehen, grundsätzlich der Bundesrepublik Deutschland zu. Dabei ist es unerheblich, ob es sich um eine selbständig oder nichtselbständig ausgeübte Tätigkeit handelt. Bei einer selbständig ausgeübten Tätigkeit kommt es in diesen Fällen nicht auf das Vorhandensein einer „festen Einrichtung“ an. Eine Freistellungsbescheinigung kann in der Regel *nicht* erteilt werden. Zur Art des Steuerabzugs gilt das unter „Einkünfte aus nichtselbständiger Arbeit“ Gesagte entsprechend.

---

*) Eine Übersicht über die derzeit geltenden Doppelbesteuerungsabkommen ist als Anlage 2 beigefügt.

In einigen DBA hat die Bundesrepublik Deutschland jedoch unter bestimmten Voraussetzungen auf ihr Besteuerungsrecht für diese Einkünfte verzichtet:

Argentinien	Art. 17 Abs. 2	Mauritius	Art. 17 Abs. 2
Elfenbeinküste	Art. 17 Abs. 4	Rumänien	Art. 15 Abs. 2
Italien	Art. 7	Sambia	Art. 17 Abs. 3
Kenia	Art. 17 Abs. 3	Schweiz	Art. 17 Abs. 2
Marokko	Art. 17 Abs. 2	Tunesien	Art. 17 Abs. 3
Polen	Art. 16 Abs. 2	UdSSR	Art. 16 Abs. 1
Ungarn	Art. 17 Abs. 3	Tschechoslowakei	Art. 17 Abs. 3

In diesem Rahmen kann eine Freistellungsbescheinigung erteilt werden.

- *Kulturorchester und Kulturvereinigungen*

Soweit eine Freistellung vom Steuerabzug nach den Vorschriften eines DBA nicht möglich ist, sowie in den Fällen, in denen mit einem Staat ein DBA nicht geschlossen ist, können ausländische Kulturorchester und Kulturvereinigungen nach Maßgabe des Schreibens des Bundesministers der Finanzen vom 20. Juli 1983 — IV B 4 — S 2303 — 34/83 — (Bundessteuerblatt — BStBl. — 1983 I S. 382) und der entsprechenden Erlasse der Länder vom Steuerabzug freigestellt werden, wenn ihr Auftritt in der Bundesrepublik Deutschland wesentlich aus inländischen oder ausländischen öffentlichen Mitteln gefördert wird.

Eine wesentliche Förderung aus inländischen oder ausländischen öffentlichen Mitteln ist dann anzunehmen, wenn sie ein Drittel der Kosten des Auftritts im Inland deckt. Die Bescheinigung für die Freistellung vom Steuerabzug wird in diesem Fall von dem *Finanzamt* erteilt, in dessen Bezirk das Kulturorchester oder die Kulturvereinigung zu Beginn der Gastspielreise erstmals auftritt. Der entsprechende Freistellungsantrag ist deshalb an dieses Finanzamt und nicht an das BfF zu richten. Die Bescheinigung gilt für die gesamte Gastspielreise.

- *Schriftsteller, Journalisten, Bildberichterstatter*
  Einkünfte aus selbständiger Arbeit:

Übt ein freiberuflich tätiger Schriftsteller, Journalist oder Bildberichterstatter seine Tätigkeit im Inland aus, hat die Bundesrepublik Deutschland das Besteuerungsrecht für diese Vergütungen im allgemeinen nur dann, wenn er seine Tätigkeit unter Benutzung einer ihm in der Bundesrepublik Deutschland regelmäßig zur Verfügung stehenden „festen Einrichtung" verrichtet. Als „feste Einrichtung" ist eine körperliche Anlage zu verstehen, die der Ausübung der selbständigen Tätigkeit dient und die in der Verfügungsmacht des Gläubigers der Vergütungen steht.

Verfügt der Gläubiger der Vergütungen nicht über eine solche „feste Einrichtung" im Inland, kann in der Regel auf Antrag eine Freistellungsbescheinigung erteilt werden.

Einkünfte aus nichtselbständiger Arbeit:

Bezüge von beschränkt steuerpflichtigen Schriftstellern, Journalisten und Bildberichterstattern unterliegen nicht dem Lohnsteuerabzug. Von ihren Vergütungen wird die Einkommensteuer auch dann im Wege des Steuerabzugs nach § 50a Abs. 4 EStG erhoben, wenn sie ihre Tätigkeit im Rahmen eines Dienstverhältnisses (nichtselbständige Arbeit) ausüben (Abschn. 92 Abs. 5 der Lohnsteuer-Richtlinien 1984).

Übt eine der genannten Personen ihre Tätigkeit im Inland aus, hat nach den DBA die Bundesrepublik Deutschland im allgemeinen das Besteuerungsrecht für diese Einkünfte. Eine Freistellungsbescheinigung kann in der Regel *nicht* erteilt werden.

2.2.2 *Verwertung* der Tätigkeit im Inland

Die Tätigkeit wird im Inland verwertet, wenn eine außerhalb der Bundesrepublik Deutschland ausgeübte Tätigkeit oder ihr Ergebnis im Inland genutzt wird.

Bezieht ein Künstler, Schriftsteller, Journalist oder Bildberichterstatter Vergütungen für die Verwertung seiner Tätigkeit im Inland, hat nach allen DBA derjenige Staat das Besteuerungsrecht, in dem der Künstler usw. ansässig ist. Hierbei ist unbeachtlich, ob diese Vergütungen den Einkünften aus selbständiger oder aus nicht selbständiger Arbeit (§ 49 Abs. 1 Nr. 3 oder 4 EStG) zuzurechnen sind.

Auf *Antrag* wird die Freistellung vom Steuerabzug nach § 50a Abs. 4 EStG vorgenommen.

2.3 *Vergütungen im Sinne des § 50a Abs. 4 Buchstabe b EStG (Tz. 1.1 Buchstabe b)*

Zu diesen Vergütungen gehören insbesondere die „*Lizenzgebühren*“.

Was man darunter zu verstehen hat, ist der Begriffsbestimmung des jeweiligen DBA zu entnehmen.

In Anlehnung an Art. 12 Abs. 2 des OECD-Musterabkommens definieren viele DBA Lizenzgebühren wie folgt:

> Vergütungen jeder Art, die für die Benutzung oder für das Recht auf Benutzung von Urheberrechten an literarischen, künstlerischen oder wissenschaftlichen Werken, einschließlich kinematographischer Filme, von Patenten, Warenzeichen, Mustern oder Modellen, Plänen, geheimen Formeln oder Verfahren oder für die Benutzung oder das Recht auf Benutzung gewerblicher, kaufmännischer oder wissenschaftlicher Ausrüstungen oder für die Mitteilung gewerblicher, kaufmännischer oder wissenschaftlicher Erfahrungen gezahlt werden.

Die DBA weisen das Besteuerungsrecht an Lizenzgebühren grundsätzlich dem Staat zu, in dem der Lizenzgeber ansässig ist. Folgende DBA räumen der Bundesrepublik Deutschland jedoch ein der Höhe nach begrenztes Besteuerungsrecht ein.

DBA-Staat	*Artikel der DBA*	*Steuersatz in v. H.*
Argentinien	12	15
Australien	12	10
Brasilien	12	versch. Steuersätze
Elfenbeinküste (ab 1. 1. 83)	12	10
Finnland	12	5
Indien	XVI	25

DBA-Staat	*Artikel der DBA*	*Steuersatz in v. H.*
Indonesien	11	10
Iran	12	10
Israel	14	versch. Steuersätze
Jamaika	12	10
Japan	12	10
Kanada (bis 31. 12. 82)	VIII	versch. Steuersätze
(ab 1. 1. 83)	12	10
Kenia	12	15
Korea (Republik)	10	versch. Steuersätze
Liberia	12	versch. Steuersätze
Luxemburg	15	5
Malaysia	12	versch. Steuersätze
Malta	12	versch. Steuersätze
Marokko	12	10
Mauritius	12	15
Neuseeland	12	10
Portugal (ab 1. 1. 83)	12	10
Rumänien	11	10
Sambia	12	10
Singapur	12	versch. Steuersätze
Spanien	12	5
Sri Lanka (Ceylon)	VII	versch. Steuersätze
Thailand	12	versch. Steuersätze
Trinidad und Tobago	12	versch. Steuersätze
Tschechoslowakei (ab 1. 1. 84)	12	5
Tunesien	12	versch. Steuersätze
Zypern	12	versch. Steuersätze

Auf Antrag wird die volle oder teilweise Freistellung vom Steuerabzug nach § 50a Abs. 4 EStG bescheinigt.

Ausnahme:

Eine Freistellung vom Steuerabzug ist nicht möglich, wenn der Lizenzgeber in der Bundesrepublik Deutschland eine Betriebstätte unterhält und die Lizenzgebühren dieser Betriebstätte zuzurechnen sind.

3. *Freistellungsverfahren*

3.1 *Freistellungsantrag*

Das Verfahren zur Erlangung einer Freistellungsbescheinigung ist in den gleichlautenden Erlassen (Entschließung) der obersten Finanzbehörden der Länder vom 30. Oktober 1968 geregelt (BStBl. I S. 1184).

Welche Einzelheiten bei der Antragstellung zu beachten und welche Unterlagen beizufügen sind, ergibt sich aus den Erläuterungen zum Antragsvordruck. Auf folgendes wird besonders hingewiesen:

- Die Freistellungsbescheinigung wird nur auf schriftlichen Antrag unter Verwendung der *beim BfF erhältlichen Antragsvordrucke* erteilt (s. Anlage).
- Der Antrag ist grundsätzlich vom *Gläubiger der Vergütungen* zu stellen. Er kann auch von einem Dritten (z. B. vom Vergütungsschuldner) gestellt werden, wenn der Gläubiger ihn hierzu schriftlich bevollmächtigt hat und die Vollmacht dem BfF vorgelegt wird. Der Antrag soll spätestens drei Monate vor Beginn des beantragten Freistellungszeitraums und nicht früher als ein Jahr vor diesem gestellt werden.
- Der Antrag ist von der zuständigen *Steuerbehörde* des Staates, in dem der beschränkt steuerpflichtige Vergütungsgläubiger ansässig ist, zu *bestätigen.* Um sicherzustellen, daß die Steuerbehörde des Wohnsitzstaates des Vergütungsgläubigers von dem Antrag und den darin erklärten Einkünften aus der Bundesrepublik Deutschland Kenntnis erlangt, hat die Bestätigung auf der Rückseite des Antragsvordrucks zu erfolgen. Bescheinigungen auf einem besonderen Blatt oder solche einer Stadt- bzw. Gemeindeverwaltung (Einwohnermeldeamt, Stadt- bzw. Gemeindekasse) können nicht anerkannt werden.

  Ausnahme:

  In den USA ansässige Antragsteller brauchen nur ihre „social security number" (natürliche Personen) oder ihre „employers identification number" (Unternehmen) und die Steuerbehörde (District Director of Internal Revenue) anzugeben, bei der die letzte amerikanische Einkommensteuer-Erklärung eingereicht wurde.

3.2 *Freistellung von Filmschaffenden*

Für im Ausland tätige beschränkt steuerpflichtige Film- und Fernsehfilmschaffende können beim Bundesamt für Finanzen ein besonderes Merkblatt und gesonderte Vordrucke für die auf diesen Personenkreis anzuwendenden Freistellungsverfahren abgerufen werden.

3.3 *Vereinfachtes Verfahren („Kontrollmeldeverfahren")*

Ist der inländische Schuldner der Vergütungen nach Maßgabe des Erlasses des Bundesministers der Finanzen vom 26. März 1976 — IV C 5 — S 1300 — 107/76 —, BStBl 1976 I S. 279 hinsichtlich der Höchstgrenzen zuletzt geändert durch Erlaß vom 27. 12. 1982, — IV C 5 — S 1300 — 343/82 —, BStBl 1983 I, S. 250, zur Teilnahme am Kontrollmeldeverfahren ermächtigt, braucht ein Freistellungsantrag nicht gestellt zu werden, wenn je Vergütungsgläubiger

- die Einzelzahlung den Betrag von 4500,— DM und
- die während eines Kalenderjahres geleisteten gesamten Zahlungen 54 000,— DM

nicht übersteigen.

Ob im Einzelfall Lizenzgebühren unter Anwendung des Kontrollmeldeverfahrens abgerechnet werden können, muß vom inländischen Schuldner der Vergütungen geprüft werden; im Zweifelsfall hat er die Entscheidung des Bundesamts für Finanzen herbeizuführen.

3.4 *Anwendung des Kontrollmeldeverfahrens auf Kleindarsteller (Komparsen, Statisten)*

Die steuerliche Behandlung dieses Personenkreises erfolgt nach Maßgabe des BMF-Erlasses vom 30. 1. 1978, IV C 5 — S 1300 — 16/78

Filmproduzenten, denen das Bundesamt für Finanzen die Anwendung des Kontrollmeldeverfahrens genehmigt hat, kann auf Antrag gestattet werden, bei Vergütungen an Kleindarsteller (Komparsen und Statisten) entsprechend dem anwendbaren Doppelbesteuerungsabkommen vom Steuerabzug abzusehen oder diesen nach einem niedrigeren Satz vorzunehmen, ohne daß für den einzelnen Darsteller eine Jahreskontrollmitteilung erstellt wird. Unter Kleindarstellern sind Personen (insbesondere Komparsen und Statisten) zu verstehen, die für die Mitwirkung an einem bestimmten Film insgesamt nicht mehr als DM 200,— erhalten. Voraussetzung für die Anwendung dieser Vereinfachungsregelung ist, daß der Produzent nach den Umständen annehmen konnte, daß der Kleindarsteller Anspruch auf die Anwendung des Doppelbesteuerungsabkommens hat. Diese Vereinfachungsregelung läßt die nach § 73e EStDV bestehende Meldeverpflichtung sowie die nach § 160 AO für den Betriebsausgabeabzug bestehende Verpflichtung der Benennung des Zahlungsempfängers unberührt.

3.5 *Zuständigkeit*

Das Bundesamt für Finanzen ist für die Entlastung von deutschen Abzugsteuern im Sinne des § 50a Abs. 4 EStG (Erstattungen und Freistellungen) auf Grund von Doppelbesteuerungsabkommen zuständig (§ 5 Abs. 1 Nr. 2 des Finanzverwaltungsgesetzes — FVG). Für die Entlastung vom *Lohnsteuerabzug* sind die Finanzämter zuständig.

4. *Erstattung abgeführter Steuerabzugsbeträge auf Grund eines DBA*

4.1 *Allgemeines*

Die von dem Schuldner der Vergütungen einbehaltene und abgeführte Steuer kann nur erstattet werden, wenn für diese Vergütungen eine Freistellungsbescheinigung erteilt worden ist.

4.2 *Antrag*

Der Erstattungsantrag kann zugleich mit dem Freistellungsantrag verbunden werden. Der amtliche Vordruck für die Beantragung einer Freistellungsbescheinigung ist in diesem Falle um den zu erstattenden Steuerbetrag und um die Angabe des Bank- oder Postgirokontos, auf das der Erstattungsbetrag überwiesen werden soll, zu ergänzen.

Die Erstattung kann allerdings auch nachträglich in einem formlosen Schreiben beantragt werden, wobei das Schreiben die beiden genannten Angaben (Erstattungsbetrag und Bank- oder Postgirokonto) enthalten muß.

4.3 *Frist zur Antragstellung*

Wurden Steuerabzugsbeträge vom Schuldner der Vergütungen einbehalten und abgeführt, weil ihm eine Freistellungsbescheinigung nicht vorlag, ist der Freistellungsantrag, der gleichzeitig auch als Erstattungsantrag gilt, grundsätzlich bis zum Ablauf des *4. Jahres* zu stellen, das auf das Jahr folgt, in dem die Steueranmeldung (§ 73e Satz 2 EStDV) eingereicht wurde (§ 169 Abs. 2 Nr. 2 i. V. m. § 170 der Abgabenordnung — AO).

Liegen Gründe für eine Ablaufhemmung vor, verlängert sich die Frist nach Maßgabe des § 171 AO.

4.4 *Zuständigkeit*

Für die Erstattung auf Grund von DBA ist das Bundesamt für Finanzen zuständig (§ 5 Abs. 1 Nr. 2 FVG). Dessen Zuständigkeit ist jedoch dann nicht gegeben, wenn es auf entsprechenden Antrag hin die Freistellung ausgesprochen hat und erst nach diesem Zeitpunkt die Abzugsteuer versehentlich angemeldet und abgeführt worden ist. In diesem Fall wird die Wirkung des Freistellungsbescheids durch die nachfolgende Steuerfestsetzung (Anmeldung) aufgehoben, so daß die Freistellungsbescheinigung nicht Grundlage i. S. des § 218 AO für die Erstattung der Steuer sein kann. Die abgeführten Beträge können nur erstattet werden, wenn die unrichtige Steueranmeldung wieder aufgehoben (ggf. geändert) worden ist (§ 164 Abs. 2 AO). Hierfür ist das Finanzamt und nicht das Bundesamt für Finanzen zuständig.

Anlage 1 zum Merkblatt des Bundesamtes für Finanzen, Stand: Januar 1984

Übersicht über die beim Bundesamt für Finanzen erhältlichen Antragsvordrucke für Freistellungsbescheinigungen für Lizenzgebühren oder ähnliche Vergütungen.

1. Für im *Ausland ansässige Vergütungsgläubiger* sind z. Zt. Antragsvordrucke in deutscher, englischer, französischer, italienischer, niederländischer und spanischer Sprachfassung vorrätig.

   Die Verwendung nachstehender Sprachfassungen hat sich für folgende Länder als zweckmäßig erwiesen:

   a) deutsche Sprachfassung für
      Dänemark, Finnland, Norwegen, Österreich, Polen, Rumänien, Schweden, Ungarn, UdSSR, CSSR

   b) englische Sprachfassung für
      Ägypten, Argentinien, Australien, Griechenland, Großbritannien, Indien, Indonesien, Iran, Irland, Island, Israel, Jamaica, Japan, Kanada, Kenia, Korea, Liberia, Malaysia, Malta, Mauritius, Neuseeland, Pakistan, Portugal, Sambia, Singapur, Sri Lanka (Ceylon), Südafrika, Thailand, Trinidad und Tobago, UdSSR, Zypern

   c) französische Sprachfassung für
      Belgien (Landesteil Wallonien), Elfenbeinküste, Frankreich, Luxemburg, Marokko, Tunesien

   d) niederländische Sprachfassung für
      Belgien (Landesteil Flandern), Niederlande

Außerdem sind *besondere* Antragsvordrucke für Vergütungsgläubiger erhältlich, die in *Brasilien, Italien, Spanien, USA* oder in der *Schweiz* ansässig sind.

Sofern Antragsvordrucke für in der *Schweiz* ansässige Vergütungsgläubiger gewünscht werden, ist anzugeben, ob sie für natürliche Personen oder für Gesellschaften benötigt werden.

2. Für *im Inland ansässige Vergütungsgläubiger,* die Lizenzgebühren oder ähnliche Vergütungen aus dem Ausland beziehen, wurden dem Bundesamt für Finanzen Antragsvordrucke der belgischen, britischen, französischen, spanischen und südafrikanischen Finanzverwaltung zum Versand zur Verfügung gestellt.

   Soweit Inländer aus anderen Ländern Vergütungen beziehen, sind die Antragsvordrucke unter Einschaltung des ausländischen Vertragspartners von den Finanzbehörden dieser Länder zu beziehen.

Anlage 3:
Behandlung spanischer Personengesellschaften

BdF v. 19. 3. 1976 IV C 6 S 1301 — Spanien — 20/75

Unter Bezugnahme auf das Ergebnis der Erörterungen mit den obersten Finanzbehörden der Länder gilt für die Besteuerung spanischer Personengesellschaften folgendes:

Nach dem Urteil des Reichsfinanzhofs vom 12. 2. 1930, dem sich der Bundesfinanzhof mit Urteil vom 17. 7. 1968 angeschlossen hat, ist die Entscheidung über die einkommensteuerrechtliche Behandlung einer ausländischen juristischen Person bzw. ihrer Gesellschafter im Einzelfall nach den leitenden Gedanken des Einkommensteuer- und des Körperschaftsteuergesetzes zu treffen. In erster Linie kommt es darauf an, ob die ausländische Gesellschaft sich mit einer Gesellschaft des deutschen Rechts vergleichen läßt. Ergibt sich dabei eine weitgehende Übereinstimmung mit dem Aufbau und der wirtschaftlichen Bedeutung einer deutschen Gesellschaft — z. B. einer Offenen Handelsgesellschaft bzw. Kommanditgesellschaft oder einer GmbH —, für deren Einordnung in das System des Einkommensteuer- und Körperschaftsteuergesetzes die deutsche Gesetzgebung eine bestimmte Regelung getroffen hat, so ist die ausländische Gesellschaft für das Steuerrecht entsprechend zu behandeln. Nicht entscheidend ist hingegen die steuerliche Behandlung der Gesellschaft bzw. ihrer Gesellschafter in dem ausländischen Staat.

Personengesellschaften spanischen Rechts (OHG und KG) sind zwar nach Artikel 28 des spanischen Zivilgesetzbuchs juristische Personen und werden auch als solche in Spanien besteuert. Gleichwohl sind sie nach den vorstehenden Grundsätzen bei Anwendung des deutschen Steuerrechts als Personengesellschaften zu qualifizieren. Das deutsch-spanische Doppelbesteuerungsabkommen knüpft an diese Qualifikation an, vermeidet aber durch ausdrückliche Regelungen den sonst entstehenden Qualifikationskonflikt. Im einzelnen gilt folgendes:

1. Die Gewinnanteile unbeschränkt steuerpflichtiger Gesellschafter spanischer Personengesellschaften sind zwar steuerbar, aber nach Artikel 23 des deutsch-spanischen Doppelbesteuerungsabkommens von der Bemessungsgrundlage der deutschen Steuer auszunehmen. Der Progressionsvorbehalt ist jedoch anzuwenden.
2. Vergütungen, die der unbeschränkt steuerpflichtige Gesellschafter von der spanischen Personengesellschaft für seine Tätigkeit im Dienst der Gesellschaft oder für die Hingabe von Darlehen oder die Überlassung von Wirtschaftsgütern an die Gesellschaft bezogen hat, werden nach den in Betracht kommenden Artikeln des Abkommens (z. B. Artikel 15, 11 oder 12) in Verbindung mit Artikel 23 besteuert. Bei Zinsen und Lizenzgebühren kommt nach Artikel 23 Abs. 1 Buchst. b nur die Anrechnung der spanischen Steuer, die nach dem Abkommen erhoben worden ist, in Betracht.
3. Die Beteiligung eines unbeschränkt steuerpflichtigen Gesellschafters an einer spanischen Personengesellschaft wird nach Artikel 23 Abs. 1 Buchst. a von der Bemessungsgrundlage der deutschen Steuer ausgenommen. Gesellschafterdarlehen und sonstige Vermögenswerte, die der Gesellschaft zur Verfügung gestellt werden, unterliegen in vollem Umfang der deutschen Besteuerung.
4. Eine spanische Personengesellschaft mit inländischen Einkünften und/oder inländischen Vermögenswerten unterliegt nicht als solche der deutschen beschränkten Steuerpflicht; unbeschränkt oder beschränkt steuerpflichtig sind vielmehr die Gesellschafter. Der deutsche Steueranspruch wird jedoch nach Maßgabe des Artikels 4 Abs. 4 in Verbindung mit Art. 6 bis 22 des deutsch-spanischen Doppelbesteuerungsabkommens eingeschränkt.
5. Knüpft das deutsche Steuerrecht an die Rechtsform einer ausländischen Gesellschaft an, so ist die spanische Personengesellschaft nicht als Kapitalgesellschaft, sondern als Personengesellschaft zu qualifizieren. Dies gilt insbesondere für die Anwendung des Auslandsinvestitionsgesetzes, des Entwicklungsländer-Steuergesetzes, des Außensteuergesetzes sowie der §§ 19 a Abs. 2 bis 5 des Körperschaftsteuergesetzes, 102 Abs. 2 des Bewertungsgesetzes und § 9 Nr. 7 bzw. § 12 Abs. 3 Nr. 4 des Gewerbesteuergesetzes.

Soweit die Ländererlasse aufgrund der Sitzung mit den Einkommensteuerreferenten der Länder am 11. bis 13. 4. 1972 Regelungen getroffen haben, die von den vorstehenden Grundsätzen abweichen, sind sie nicht mehr anzuwenden. Soweit die Regelungen für Zeiträume vor dem 1. 1. 1976 angewendet worden sind, hat es dabei sein Bewenden, sofern ein Vertrauensschutz geboten erscheint.

Anlage 4:

Steuerliche Behandlung spanischer Personengesellschaften; Progressionsvorbehalt

BMF v. 29. 7. 1983 IV C 6 — S 1301 Spanien — 24/83

Unter Bezugnahme auf das Ergebnis der Erörterungen mit den obersten Finanzbehörden der Länder ist in Ergänzung zu meinem Schreiben vom 19. März 1976 folgendes zu beachten:

Die spanische sociedad de personas ist nach den Kriterien des deutschen Steuerrechts eine Mitunternehmerschaft. Nach spanischem Handelsrecht ist sie eine juristische Person. Das spanische Steuerrecht nicht besteuert werden, da es sich insoweit lediglich um Gewinnentnahmen handelt, die nach deutschem Steuerrecht keine Steuerpflicht auslösen.

Das Ergebnis dieser Abkommensauslegung entspricht der üblichen deutschen Abkommenspraxis bei der Behebung der Doppelbesteuerung, nach der — ohne die vom deutschen Recht abweichende Behandlung der spanischen Personengesellschaften — entsprechend dem Betriebstättenprinzip Freistellung des Gewinns vor Steuern unter Aufrechterhaltung der Progression gewährt wird.

Anlage 5:

Notenwechsel betr. Gesetz zu dem Abkommen vom 5. 12. 1966 zwischen der BRD und dem spanischen Staat

(BStBl. 1968 I S. 304)

Der Staatssekretär
des Auswärtigen Amts

Bonn, den 5. Dezember 1966

Exzellenz,

Anläßlich der heutigen Unterzeichnung des Abkommens zwischen der Bundesrepublik Deutschland und dem Spanischen Staat zur Vermeidung der Doppelbesteuerung und zur Verhinderung der Steuerverkürzung bei den Steuern vom Einkommen und vom Vermögen beehre ich mich, Ihnen im Namen der Regierung der Bundesrepublik Deutschland mitzuteilen, daß die beiden Vertragstaaten übereingekommen sind, Artikel 23 Absatz 1 Buchstabe (a) auf Dividenden und Beteiligungen nur anzuwenden, wenn die Einkünfte der in Spanien ansässigen Gesellschaft ausschließlich oder fast ausschließlich

(a) aus der Herstellung oder dem Verkauf von Gütern oder Waren, aus Vermietung oder Verpachtung, aus Dienstleistungen oder aus Bank- oder Versicherungsgeschäften stammen oder

(b) aus Dividenden bestehen, die von einer oder mehreren in Spanien ansässigen Gesellschaften gezahlt werden, die ihre Einkünfte ausschließlich oder fast ausschließlich aus der Herstellung oder dem Verkauf von Gütern oder Waren, aus Vermietung oder Verpachtung, aus Dienstleistungen oder aus Bank- oder Versicherungsgeschäften beziehen, sofern mindestens 25 vom Hundert des Kapitals jeder dieser Gesellschaften der erstgenannten Gesellschaft gehören.

In den übrigen Fällen ist Artikel 23 Absatz 1 Buchstabe (b) bzw. Artikel 22 Absatz 4 anzuwenden.

Ich wäre dankbar, wenn Sie mir Ihr Einverständnis mit dem Vorstehenden bestätigen; in diesem Fall sollen die vorliegende Note und Ihre Antwortnote als Bestandteil des Abkommens gelten.

Genehmigen Sie, Exzellenz, den Ausdruck meiner ausgezeichnetsten Hochachtung.

Carstens

Seiner Exzellenz
dem Botschafter von Spanien
Herrn José de Erice

Spanische Botschaft

Bonn, den 5. Dezember 1966

Herr Staatssekretär,

Ich beehre mich, den Empfang Ihres heutigen Schreibens zu bestätigen, das in Übersetzung wie folgt lautet:

„Anläßlich der heutigen Unterzeichnung des Abkommens zwischen der Bundesrepublik Deutschland und dem Spanischen Staat zur Vermeidung der Doppelbesteuerung und zur Verhinderung der Steuerverkürzung bei den Steuern vom Einkommen und vom Vermögen beehre ich mich, Ihnen im Namen der Regierung der Bundesrepublik Deutschland mitzuteilen, daß die beiden Vertragstaaten übereingekommen sind, Artikel 23 Absatz 1 Buchstabe (a) auf Dividenden und Beteiligungen nur anzuwenden, wenn die Einkünfte der in Spanien ansässigen Gesellschaft ausschließlich oder fast ausschließlich

(a) aus der Herstellung oder dem Verkauf von Gütern oder Waren, aus Vermietung oder Verpachtung, aus Dienstleistungen oder aus Bank- oder Versicherungsgeschäften stammen oder

(b) aus Dividenden bestehen, die von einer oder mehreren in Spanien ansässigen Gesellschaften gezahlt werden, die ihre Einkünfte ausschließlich oder fast ausschließlich aus der Herstellung oder dem Verkauf von Gütern oder Waren, aus Vermietung oder Verpachtung, aus Dienstleistungen oder aus Bank- oder Versicherungsgeschäften beziehen, sofern mindestens 25 vom Hundert des Kapitals jeder dieser Gesellschaften der erstgenannten Gesellschaft gehören.

In den übrigen Fällen ist Artikel 23 Absatz 1 Buchstabe (b) bzw. Artikel 22 Absatz 4 anzuwenden.

Ich wäre dankbar, wenn Sie mir Ihr Einverständnis mit dem Vorstehenden bestätigten; in diesem Fall sollen die vorliegende Note und Ihre Antwortnote als Bestandteil des Abkommens gelten."

Ich beehre mich, Eurer Exzellenz mitzuteilen, daß meine Regierung mit dem Vorstehenden einverstanden ist.

Genehmigen Sie, Herr Staatssekretär, den Ausdruck meiner ausgezeichnetsten Hochachtung.

J. S. de Erice

An den
Staatssekretär des Auswärtigen Amts
Herrn Professor Dr. Carstens

Stichwortverzeichnis

(Die Zahlen verweisen auf die Randnummern)

A

Abschlußvertreter 48
Anrechnung nach DBA 162 ff.
Arbeitgeber 126
Aufsichtsrat 129 ff.
Auftragsforschung 107
Auskunftsklausel 180 ff.
Ausländische Verluste 155, 160
Auslegung 30
Auszubildende 141 ff.
Autoren 135

B

Back-to-Back Darlehen 93
Basisgesellschaft 60, 80
Bauausführung 54
Betriebsstätten 40 ff., 147
Betriebsstättenvorbehalt 90, 97
Bodenschätze 57

D

Dealing at arm's length Prinzip 63
Diplomaten 193 ff.
Diskriminierungsverbot 168 ff.

E

Eigennutzung von Gebäuden 58
Einkünfte aus freiem Beruf 116 ff.
Einkünfte aus Gesellschaftskapital 76 ff.
Einkünfte aus gewerblicher Tätigkeit 59 ff.
Einkünfte aus Grundvermögen 51 ff.
Einkünfte aus Lizenzen 99 ff.
Einkünfte aus sonstigen Tätigkeiten 144
Einkünfte aus unselbständiger Arbeit 120 ff.
Einkünfte aus Veräußerungen 111 ff.
Einkünfte aus Zinsen 92 ff.
Erstattungsansprüche, Abtretung von 79
Erstattungsverfahren 83
Exterritoriale Besteuerung 91

F

Feste Einrichtung 118
Feste Geschäftseinrichtung 40 ff.
Film- und Fernsehschaffende 135
Freiberufler (siehe Einkünfte aus freiem Beruf)
Freistellung nach DBA 150
Freistellungsverfahren 101

G

Gegenberichtigung 75
Genußscheine, -rechte 87
Geschäftsgeheimnis 190
Gewerbliche Einkünfte (siehe Einkünfte)
Gewinnaufteilung 63 ff., 73 ff.
Gewinnberichtigung 75
Gewöhnlicher Aufenthaltsort 35
Grundvermögen (siehe Einkünfte aus)

H

Hypothekenzinsen 51, 56

I

Informationsaustausch 180 ff.
Investmentzertifikate 88

K

Know-how 108
Kommissionär (siehe Abschlußvertreter)
Konsultationsverfahren 179
Konsularbeamte 195
Künstler 132 ff.
Künstlerverwertungsgesellschaft 133

L

Lizenzen (siehe Einkünfte aus)

M

Mitunternehmer (siehe Einkünfte aus gewerblicher Tätigkeit)

N

Nullregelung 100

O

Öffentliche Kassen 136, 137
Ort der Geschäftsleitung 32, 36, 37 ff.
Ortskräfte 197

P

Progressionsvorbehalt 158

Q

Quintette 85

R

Ruhegehälter 138 ff.

S

Schachtelbeteiligung 82, 151 ff.
Schiffahrt 69 ff., 114, 148
Spanische Gesellschaften 27, 28
Spanische Steuern 4 ff.
— Einkommensteuer 4 ff.
— Doppelbesteuerungsabkommen 25
— Gemeindliche Niederlassungs- und Wertzuwachssteuer 21 ff.
— Gewerbe- und Freiberufler Lizenzsteuer 20
— Grundsteuer 24
— Körperschaftsteuer 13 ff.
— Steuern auf städtischen und ländlichen Grundstücken 18 ff.
Spanische Vermögensteuer 17 ff.
Spanisches Hoheitsgebiet 26
Steuergeheimnis 185 ff.
Stille Beteiligung 85, 88, 96
Studenten 141 ff.

U

Unbewegliches Vermögen (siehe Einkünfte aus Grundvermögen)
Urheberrechte 106

V

Veräußerungen (siehe Einkünfte aus)
Vermögensteuer 145 ff.
Verständigungsverfahren 174 ff.
Vertreter (siehe Abschlußvertreter)

W

Währungsverluste 161
Wohnsitz 31

Z

Zubehör 54
Zweigniederlassung 46